高等职业教育骨干校建设物流专业规划教材（项目式）

物流信息技术应用实训

张艳华　主　编

孙学农　副主编

中国财富出版社

图书在版编目（CIP）数据

物流信息技术应用实训／张艳华主编.—北京：中国财富出版社，2014.6

（高等职业教育骨干校建设物流专业规划教材·项目式）

ISBN 978－7－5047－5161－4

Ⅰ.①物… Ⅱ.①张… Ⅲ.①物流—信息技术—商等职业教育—教材

Ⅳ.①F253.9

中国版本图书馆 CIP 数据核字（2014）第 061370 号

策划编辑	崔　旺		责任印制	何崇杭
责任编辑	马　军		责任校对	饶莉莉

出版发行	中国财富出版社（原中国物资出版社）			
社　址	北京市丰台区南四环西路 188 号 5 区 20 楼		**邮政编码**	100070
电　话	010－52227568（发行部）		010－52227588 转 307（总编室）	
	010－68589540（读者服务部）		010－52227588 转 305（质检部）	
网　址	http://www.cfpress.com.cn			
经　销	新华书店			
印　刷	北京京都六环印刷厂			
书　号	ISBN 978－7－5047－5161－4/F·2111			
开　本	787mm×1092mm　1/16		**版　次**	2014 年 6 月第 1 版
印　张	12.75		**印　次**	2014 年 6 月第 1 次印刷
字　数	264 千字		**定　价**	26.00 元

版权所有·侵权必究·印装差错·负责调换

前　言

　　本书共包括两部分，第一部分为单元实训项目，共包含八个项目，分别为物流信息技术认知、物流信息采集及识别技术与应用、物流信息存储技术与应用、物流信息传输技术与应用、物流信息交换技术与应用、GPS 和 GIS 技术在物流领域的应用、物流管理信息系统应用、物流电子商务；第二部分为综合实训项目，包含三个综合实训项目，分别为仓储管理系统的使用、电子标签操作、企业资源管理系统的使用。

　　本书是校企合作开发，编写团队由东营职业学院具有丰富一线教学经验的教师及企业兼职教师组成。本书由张艳华担任主编并对全书进行了策划与统稿，孙学农担任副主编，徐辉增、董秀红参编。本书第一部分单元实训项目中项目一至项目四由张艳华编写，项目五至项目七由孙学农编写，项目八和第二部分综合实训一由徐辉增编写，第二部分综合实训二和综合实训三由董秀红编写。在此，感谢山东盛运物流有限公司、青岛中远物流东营分公司、胜利油田胜大集团物流中心等企业的兼职教师为本书提供大量资料和精心指导。

　　本书可作为高职高专院校物流管理、物流信息技术、信息管理与信息系统及相关专业的实训参考书。

　　本书在编写过程中，参阅和引用了许多国内外有关物流科学的论著、资料和案例，在此对这些论著、资料和案例的作者表示最诚挚的谢意！

　　由于编者所掌握的资料和水平有限，书中难免存在不足之处，恳请读者和同行批评指正。

编　者

2014 年 3 月

前　言

目　录

第一部分　单元实训项目

第二部分　综合实训项目

第一部分
单元实训项目

项目一 物流信息技术认知

知识目标 ✦▶

◇掌握常见的物流信息技术

◇了解物流信息技术应用现状

◇明确物流信息相关岗位工作职责

能力目标 ✦▶

◇能够列举出物流信息技术所包含的内容

◇会设计和整理针对物流行业信息技术应用的调查问卷

◇能够设计出物流市场信息调研方案

任务一 物流信息技术应用现状调研

任务目标 ✦▶

◇能够掌握常见的物流信息技术

◇能够了解我国物流企业信息技术应用现状及发展趋势

◇能够分析出物流信息技术对传统物流企业管理的影响

任务示例 ✦▶

背景材料: 面对信息化浪潮,不同的企业理解认知不同,相应的选择也不同,进而也迎来了不同的应用效果。对企业来讲,信息化建设不仅是应用一两个软件那么简单,它是企业的一项战略举措,企业迟早要走向信息化管理。

任务描述: 教师带学生到大中型物流企业调研,了解物流信息的作用、物流企业信息化程度和物流信息技术应用情况。

任务分析 ✦➤

要找到提高我国物流企业信息技术应用水平的对策，首先要了解我国的物流信息技术应用与发展情况，这就需要对企业进行必要的调研，在调研之前，还要掌握一些信息收集的方法。

任务处理 ✦➤

1. 设计物流信息收集表（如表 1 – 1 – 1 所示）

表 1 – 1 – 1　　　　　　　　　　　　物流信息收集

编号：

物流信息来源	□公司内部		□公司外部	
物流信息类型	□订货信息	□库存信息		□采购指示信息
	□发货信息	□物流管理信息		
信息收集人			信息收集途径或方式	
信息收集时间				
信息收集内容				
相关说明				

信息收集人：　　　　　　　　　　　　　　　　　　物流信息部经理：

2. 设计物流信息分析表（如表 1 – 1 – 2 所示）

表 1 – 1 – 2　　　　　　　　　　　　物流信息分析

编号：

信息名称		信息采集来源	
信息采集时间		信息分析人员	
信息真实性分析			
信息有效性分析			
信息完整性分析			
信息统计分析			
物流预测分析			

3. 物流市场信息调研方案

（1）调研目的

①了解物流市场的行情与处境，探索物流的发展方向。

②掌握与本企业和所属行业有关的各种历史资料和发展趋势资料。

③了解本企业物流运输情况及主要竞争对手的发展现状。

④分析本企业的各种资源和面临的制约因素。

⑤了解消费者的购买行为和企业面临的法律环境、经济环境等。

（2）调研对象

本企业、主要竞争对手及消费者。

（3）调研内容

①公司内部调研

a. 本公司的企业管理模式、企业文化。

b. 本公司的总体发展历程。

c. 本公司的组织结构、部门设置、部门业务等。

d. 分析公司组织结构和每个岗位的岗位职责。

e. 每项业务的操作流程。

f. 本公司物流市场概况、物流运输方式。

②主要竞争对手调研

a. 主要竞争对手的优势、劣势。

b. 主要竞争对手的物流运输方式及物流运输策略。

c. 主要竞争对手的物流市场概况。

d. 主要竞争对手的运营状态。

③消费者调研

a. 消费者对物流运输的认识。

b. 消费者对物流运输方式的了解。

c. 消费者对本公司和主要竞争对手的观点。

d. 消费者对物流运输费用的认定范围。

e. 消费者理想的物流运输方式。

4. 调研时间安排

本次调研时间为 2013 年 5 月 19 日至 2013 年 5 月 25 日，具体时间如表 1 - 1 - 3

所示：

表 1-1-3 调研时间安排表

调研活动安排	调研时间安排
工作筹备阶段	2013 年 5 月 19 日至 2013 年 5 月 20 日
调研实施阶段	2013 年 5 月 21 日至 2013 年 5 月 24 日
编制调研报告阶段	2013 年 5 月 25 日

5. 调研方法

（1）采访：对相关人员进行问答式的采访。

（2）问卷调查：向相关人员发放调研问卷。

6. 调研实施分工

调研实施前应成立调研小组，小组成员及其分工如下所示。

（1）本次调研项目负责人：_____。

（2）企业内外部采访人员：_____、_____。

（3）调研问卷发放及收集人员：_____、_____、_____。

（4）调研资料整理、分析人员：_____。

（5）其他工作人员：_____、_____。

7. 调研实施程序

（1）调研立项

物流市场信息调研项目负责人提出调研立项申请，并上报公司领导审批，经批准后编制物流市场信息调研任务书。

（2）拟定调研策划书

物流市场信息调研项目负责人接到调研项目任务书后，仔细研究公司的批复意见，明确调研目的、任务及要求，并制订调研计划。

（3）制订市场调研实施计划

物流市场信息调研项目负责人根据调研计划中的某一具体项目进一步制订调研实施计划。

（4）实施调研、收集历史数据

根据调研实施计划组织安排企业内外部采访人员及调研问卷发放收集人员进行实地调查，并安排人员收集相关的历史资料和二手数据。

（5）调研进程监控

物流市场信息调研项目负责人应对调查过程进行指导、协调、监督，以保证调查结果的客观性、科学性。

（6）信息汇总、分类、整理

调研资料整理、分析人员将调查所得资料按一定的规律进行初步汇总、分类和整理，并审核信息的有效性，剔除无效信息。

（7）数据录入、统计分析

物流市场信息调研项目负责人组织小组成员录入数据，以便利用专业的统计软件进行数据分析，并根据数据分析结果进行策略分析研究。

（8）撰写市场调研报告

8. 调研预算

本次调研预算如表1-1-4所示。调研小组应尽量控制调研成本，将各项费用控制在预算范围内。

表1-1-4　　　　　　　　　调研预算

序号	预算项目	预算经费（元）
1	策划费	1000
2	交通费	1000
3	调研人员培训费	2000
4	公关费	3000
5	访谈费	1000
6	问卷调研费	1000
7	报告费	1000
合计		10000

9. 调研问卷

本次调研活动所用的问卷如下所示。

调研问卷

为了了解贵公司的物流运输市场情况，掌握物流市场的整体发展水平，希望您能配合我们回答以下问题，使我们能顺利完成此次调查。您所提供的资料本调研小组将绝对保密，除本次调查外不用于他处。感谢您的支持！

公司名称：_____ 填表日期：_____年_____月_____日

1. 贵企业的所有制形式（   ）。

A. 国有企业　　　　B. 中外合资企业　　　C. 合作企业　　　D. 外商独资企业

E. 合伙企业　　　　F. 有限责任公司　　　G. 有限股份公司　　H. 个人企业

2. 贵企业的人数为（   ）。

A. 50 人以下　　　B. 50 ~ 500 人　　　C. 501 ~ 2000 人　　D. 2000 人以上

3. 贵企业涉足物流行业的时间（   ）。

A. 少于 3 年　　　B. 3 ~ 5 年　　　　C. 6 ~ 10 年　　　　D. 11 ~ 15 年

E. 15 年以上

4. 贵企业与客户关系（   ）。

A. 长期合作　　　B. 短期合作　　　　C. 一次性合作　　　D. 无合作

5. 您觉得物流服务中（   ）服务最受客户的关注（可多选）。

A. 仓储服务　　　B. 信息服务　　　　C. 查询服务　　　　D. 派送服务

E. 外贸服务　　　F. 其他

6. 贵企业设施设备的所有权情况（   ）。

A. 贵企业拥有所有权　　　　　　　B. 租赁　　　　　　C. 两者兼有

7. 贵企业自有仓库采用（   ）运作方式（可多选）。

A. 以手工作业为主　　　　　　　　B. 机械化作业，但信息处理采用人工

C. 机械化作业，信息处理计算机化　　D. 全自动化无人作业

8. 贵企业营运车辆的利用率是（   ）。

A. 20% 以下　　　B. 20% ~ 50%　　　C. 51% ~ 70%

D. 71% ~ 90%　　E. 90% 以上

9. 贵企业目前采用了（   ）物流信息技术（可多选）。

A. ASS（自动分拣系统）　　　　　　B. 条码技术

C. RFID 射频识别　　　　　　　　　D. EOS 电子自动订货系统

E. EDI（电子数据交换系统）　　　　F. GPS（全球卫星定位系统）

G. GIS（地理信息系统）　　　　　　H. 其他（请注明：_____）

10. 您认为贵企业当前最急需解决的问题是（   ）。

A. 提高提货准时率　　　　　　　　B. 降低丢失事故发生率

C. 降低破损事故发生率　　　　　　D. 提高信息反馈及时率

E. 提高信息化建设能力　　　　　　F. 改进服务态度和意识

10. 物流信息运作流程设计

（1）物流信息收集流程设计（如表 1 – 1 – 5 所示）

表 1 – 1 – 5　　　　　　　　　　物流信息收集流程设计

步骤 ＼ 部门	物流信息部经理	物流信息分析师	信息采集专员	其他部门或人员

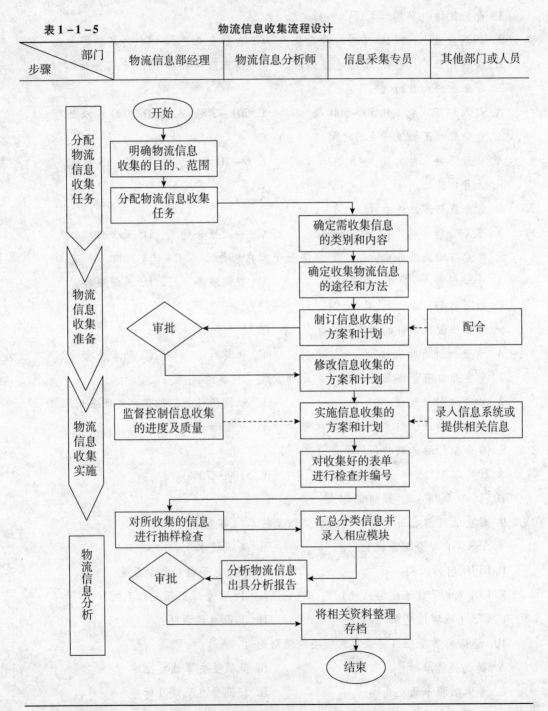

（2）物流信息分析流程设计（如表 1 - 1 - 6 所示）

表 1 - 1 - 6　　　　　　　　物流信息分析流程设计

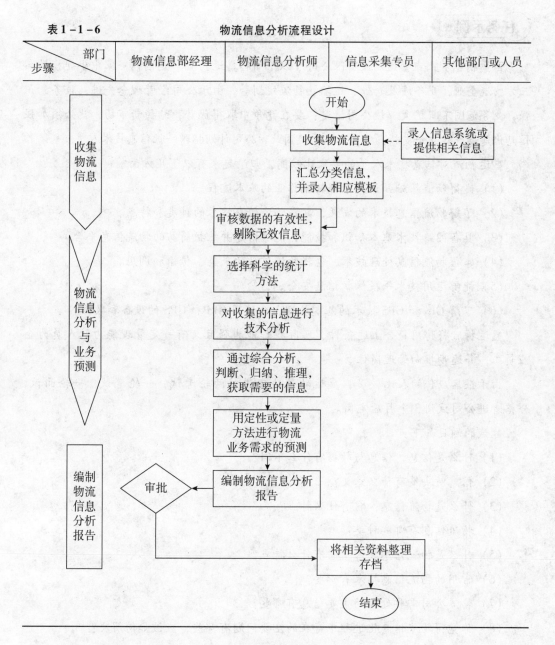

任务二　物流信息相关岗位认知

◇熟知物流信息相关岗位的主要职责及能力要求

◇设计物流信息收集流程及物流信息分析流程

任务示例

背景材料：山东盛运物流有限公司（以下简称盛运物流）是国内一家中小规模的第三方物流企业，业务涉及仓储、运输、物流规划等，由于公司经营理念先进，服务意识强，业务范围不断扩大。该公司清楚：要在竞争中取得优势，站稳新市场，就必须加强信息化建设，建立一支精良的员工队伍。因此，公司计划招聘一批信息技术人员。

盛运物流对信息技术人员的要求比较高，归纳起来有以下几方面。

（1）懂得物流基础知识，了解物流作业的基本流程。

（2）了解物流信息技术的发展，熟悉物流信息技术的种类和特点。

（3）具备网络技术基本知识和技能，能够搭建并维护简易的物流信息平台。

（4）掌握物流信息处理技术，包括物流信息的采集、传输和调用。

（5）能够运用技术手段保护信息安全。

（6）了解 GIS 和 GPS 技术的基本原理，会使用 GIS 和 GPS 的设备和数据。

盛运物流将聘用符合上述条件、实际操作能力强且又有一定管理能力的人员为企业员工，并逐步推向管理岗位。

由于报名应聘的人比较多，盛运物流决定进行两轮考试，一轮笔试，一轮面试，合格者进公司试用 3 个月后定岗。

笔试的题目如下：

（1）什么是信息，信息与数据有什么不同？

（2）信息对决策有什么意义？

（3）什么是物流信息，它有什么特点？

（4）物流信息有哪些种类？

（5）什么是物流信息技术，它有什么特点？

（6）常用的物流信息技术有哪些？

（7）物流公司需要处理的主要信息有哪些？

（8）你觉得物流信息化过程中存在的主要问题有哪些，应该如何解决？

任务描述：你是一名应聘者，设法通过这轮考试。

任务分析

要想笔试过关，不仅需要了解物流公司对物流信息技术人员的要求，更需要进一步学习物流信息方面的相关知识。

相关知识

通过对企业调研及查阅相关资料得出物流信息相关岗位有物流信息部经理、物流信息分析师、信息采集专员、系统工程师、网络工程师等。岗位职责如下：

1. 物流信息部经理岗位职责（如表1-1-7所示）

表1-1-7　　　　　　　　　物流信息部经理岗位职责

岗位名称	物流信息部经理	所属部门	
上级	物流总监	下级	
职责概述	负责企业物流信息系统的规划、建设、开发与运行管理工作，组织相关人员对采购、仓储、配送、运输等物流环节的信息进行实时录入、收集和处理，提升物流服务效率		
工作职责	职责细分		
1. 制定物流信息管理制度	（1）负责组织制定物流信息管理的各项规章制度及必要的操作规程并监督执行 （2）负责建立信息管理规范化制度并监督实施，不断提高本企业的信息化程度		
2. 企业信息化进程管理	（1）根据企业业务模式、IT架构、组织与流程，研究并制定企业信息化建设发展规划 （2）制订企业年度信息化建设计划和信息系统开发、管理工作计划，加快本企业信息化步伐，全面提高企业的信息运转效率 （3）加强与各部门的协作配合，促进物流信息系统的有效使用		
3. 物流信息系统开发与维护	（1）组织开展物流信息系统新功能、新模块的设计开发工作并对其进行监督和指导 （2）组织做好计算机网络维护、管理、数据信息处理等工作。保证物流信息系统的正常运行 （3）定期组织信息系统维护和重要数据的备份工作		
4. 物流信息系统应用	（1）规划与建设适应企业电子商务业务发展的第三方物流网络体系 （2）协助业务部开展电子商务业务，组织开展电子商务数据的分析预测工作，及时编写分析预测报告并上报有关领导 （3）组织部门人员开展物流信息系统的应用指导及计算机应用知识的普及培训工作，提高企业所有工作人员的计算机水平与信息系统应用能力		
5. 物流信息统计管理	（1）组织开展企业物流信息统计和核算管理工作，定期检查部门人员的信息资料整理情况 （2）定期组织编制并上报统计报表，开展统计分析。做好统计原始记录、统计台账、统计报表的规范化管理工作		

2. 物流信息分析师岗位职责（如表 1-1-8 所示）

表 1-1-8   **物流信息分析师岗位职责**

岗位名称	物流信息分析师	所属部门	
上级	物流信息部经理	下级	
职责概述	负责对客户订单信息和物流运作信息等进行整理分析，确保企业主营业务流程中各主要部门的信息畅通，为物流调度和宏观调整提供有力的数据保障		
工作职责	职责细分		
1. 物流数据收集及数据处理	（1）负责物流系统运作过程中各种原始数据的收集、整理、汇总工作 （2）负责组织相关人员将物流信息数据录入、存储在数据库中，满足有关人员数据查询与分析的需要		
2. 物流信息分析	（1）根据订货信息，核对企业的库存、装卸、配送能力 （2）根据库存日报表按月统计库存盘点信息，分析过剩库存、缺货库存、货物破损等情况，计算保管费和保险费，提出相应库存管理改进建议 （3）根据企业装卸、包装设备和人员状况，分析企业实际装卸、搬运、包装能力，实时了解装卸、搬运及货物包装情况并提交分析报告 （4）根据企业运输车辆、业务分布范围以及人员配置情况计算企业实际运输能力和配送能力，了解企业货物运输和配送情况，为企业改进配送业务提供实际依据		
3. 配合领导工作	（1）协助信息部经理完成信息资料的整理与保管工作 （2）及时完成领导临时交办的任务		

3. 信息采集专员岗位职责（如表 1-1-9 所示）

表 1-1-9   **信息采集专员岗位职责**

岗位名称	信息采集专员	所属部门	
上级	物流信息部经理	下级	
职责概述	根据物流信息部经理的指示，结合企业发展要求，定期进行客户意见信息、客户需求信息、竞争对手信息及其他市场信息的采集工作，并对信息进行汇总整理		
工作职责	职责细分		
1. 信息采集准备	（1）根据企业发展的需要和物流信息部经理的指示，明确物流信息采集需求 （2）根据信息采集计划设计调查问卷及数据统计表格，确定调研方法和信息采集途径		
2. 收集信息	（1）收集当地、国内乃至国际范围内的市场环境信息，包括物流商情、最新动态、政府政策等 （2）收集客户需求信息以及其他业务方面的信息 （3）收集竞争对手相关信息，分析其价格、业务量、营销手段等		
3. 分析处理信息及制作统计表	（1）分析产品或服务的潜在市场与客户需求及购买信息 （2）确定调研方法，制作数据统计表格 （3）审核、分析相关数据，预测市场趋势和市场潜力 （4）分析客户对本企业服务的意见反馈，以便相关部门改善相应的物流服务		

4. 系统工程师岗位职责（如表 1 - 1 - 10 所示）

表 1 - 1 - 10　　　　　　　　　　**系统工程师岗位职责**

岗位名称	系统工程师	所属部门	
上级	物流信息部经理	下级	
职责概述	负责物流信息系统项目的系统分析、开发与组织实施工作，加快企业信息化步伐，并协助做好网络订单的处理工作		
工作职责	职责细分		
1. 信息系统开发	（1）在物流信息部经理的指导下开展物流信息系统的构建工作或物流信息系统采购的前期调研工作 （2）根据企业业务范围和主导业务流程进行信息化系统规划，开发符合企业业务需求的程序及软件		
2. 物流信息系统维护与改进	（1）对物流信息系统的软、硬件进行日常的维护，保证物流信息系统的有效运行 （2）按照各业务部门提供的数据及时对系统数据进行维护与更新，确保客户通过物流信息系统可以查询到订单的实际情况 （3）依据企业发展需要及时修改已有的系统方案，努力维持优良的操作性能及正常的信息沟通，从而提高系统的运行效率 （4）做好物流信息系统的安全维护与防范工作，做好数据的安全管理与日常备份工作		
3. 网络订单处理	（1）回答客户通过网络系统提出的问题，与客户进行沟通，挖掘潜在客户 （2）针对客户通过网络发出的订单意向，及时与业务部门沟通，确定并及时受理订单		
4. 物流信息系统应用培训与技术支持	（1）推广并不断完善本企业的物流信息系统，编制系统帮助手册和用户手册，经领导审批后及时下发到相关部门 （2）在物流信息系统的运行过程中及时向各业务部门提供技术指导，促进系统操作技术的有效使用，提高系统的运行效率		

5. 网络工程师岗位职责（如表 1 - 1 - 11 所示）

表 1 - 1 - 11　　　　　　　　　　**网络工程师岗位职责**

岗位名称	网络工程师	所属部门	
上级	物流信息部经理	下级	
职责概述	负责企业计算机网络系统平台的管理、维护和完善工作，确保计算机网络系统的稳定、可靠运行，以实现信息系统带动业务系统的良性运转		
工作职责	职责细分		
1. 业务分析与总结	（1）定期对相关业务部门的需求进行调研并整理形成开发文档 （2）总结阶段性工作成果，形成文档记录并上报物流信息部经理		

工作职责	职责细分
2. 日常网络管理	（1）负责网络安全防护，在受到病毒攻击时进行及时处理并总结经验教训 （2）保养、维护机房计算机网络设备和通信线路 （3）对网络系统进行故障检测和升级优化，确保各服务器的正常运行 （4）根据物流业务运营人员、客户服务人员提出的反馈意见、制定相应的改善措施或方案
3. 企业网站建设与日常管理	（1）建立并完善企业门户网站 （2）定期提供门户网站的访问量等统计数据 （3）向各部门收集资料，并及时更新网站信息

任务处理

1. 视班级人数进行分组，每组 5 ~ 6 人，设一名组长，带领小组同学进行相关知识的学习。

2. 学习完相关知识之后，对招聘试卷进行笔答，小组内交换批改。

3. 由组长作为招聘者，以抽签答题的形式对小组成员进行模拟面试，每人 2 ~ 3 题，面试题目为笔试问卷上的题目和组长出的题目。

项目二　物流信息采集及识别技术与应用

知识目标 ✦✦

◇掌握商品条码的编码知识和条码符号的体系

◇掌握物流单元条码的编码知识和条码符号的体系

◇了解条码自动识读识别的工作原理

◇了解二维条码及其应用

◇了解射频技术及其应用

能力目标 ✦✦

◇具有根据商品特性进行通用商品条码制作和应用的能力

◇具有根据储运单元特性进行储运条码制作和应用的能力

◇具有根据不同物流标识选择不同设备进行物流信息采集的能力

任务一　一维条码的制作与应用

任务目标 ✦✦

◇能够设计、制作和打印一维条码

◇能够使用条码扫描系统对条码进行扫描和识别

任务示例 ✦✦

背景材料：在物流信息系统繁忙处理各种业务信息的同时，系统外的信息采集和处理也在紧张运作中。某公司非常清楚要提高整个公司的运作效率，提高物流作业的准确性，必须及时捕捉并熟练地使用自动化的信息采集技术对于公司是非常必要的。

任务描述：安装条码打印机和条码编制软件，按照条码编制规则，为盛放无条码商品的托盘编制一套条码，该条码应该能够体现公司所需要的信息。要求设计、制作和打印出一维条码，并能够使用条码扫描系统对条码进行扫描和识别。

任务分析

目前，该公司使用的是业内普遍采用的条码技术。在使用条码采集商品信息时，入库操作是采集信息的源头，物流公司一般会遇到两种情况：一种是商品本身印有条码，公司只需扫描条码后，对应分配好的货位入库即可；另一种是商品本身没有条码，如没有包装的裸品等，需要公司为其编制条码，或为存放其的托盘编制条码，以此对应货位，便于管理。

任务处理

1. 选择一款条码制作软件进行安装，可选择常用的 Bartender 7.75 软件进行安装，也可选择网络在线条码制作软件，我们这选择 Label mx 通用条码标签软件按照安装说明进行正确安装。

2. 设计一维条码（如：设计一个商品条码 6921734900180）可按如下步骤进行操作。

（1）新建标签，单击工具栏左上角的新建按钮，或是点击左上角标签，选择"新建"，得到如图 1-2-1 所示界面。

图 1-2-1 软件界面

（2）选择"确定"，在下图左边菜单选择一维条码，如图 1 - 2 - 2 所示：

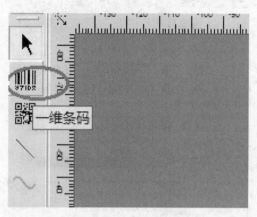

图 1 - 2 - 2 一维条码设计

（3）点击中间空白处，得到如图 1 - 2 - 3 所示条码。

图 1 - 2 - 3 条码标签

（4）左侧属性栏可以选择条码类型，写入条码字符，如图 1 - 2 - 4 所示：

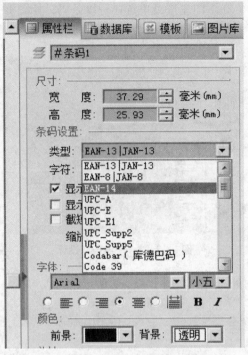

图 1 - 2 - 4　选择所需条码类型

（5）在字符栏写入 6921734900180，就得到如图 1 - 2 - 5 所示条码。

图 1 - 2 - 5　一维条码标签设计完成

3. 一维条码可用扫描器进行扫描，扫描器的安装和使用步骤如下。

我们以 USB 接口的 Symbol LS 2106 型扫描器为例，如图 1 - 2 - 6 所示。

（1）将接口电缆方形连接器插入扫描器柄底部的电缆接口端口，如图 1 - 2 - 7 所示。

（2）将接口的另一端插入计算机的 USB 接口（如图 1 - 2 - 8 所示），安装好后，可按下条码扫描器触发开关，观察扫描器窗口的灯是否正常亮。如果接的不是计算机而是收银机，连接方式如图 1 - 2 - 9 所示。

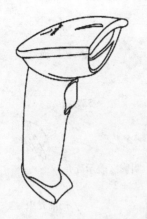

图 1 - 2 - 6　LS 2106 型扫描器

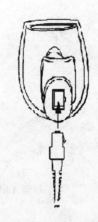

图 1 - 2 - 7　电缆插入扫描器

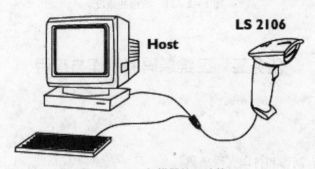

图 1 - 2 - 8　扫描器接入计算机

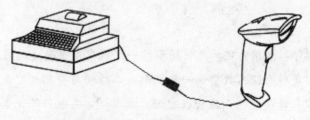

图 1 - 2 - 9　扫描器接入收银机

（3）安装成功后，扫描器会发出蜂鸣声且发光管发出绿光。打开记事本，将扫描器对准条码，正确的扫描方法如图 1 - 2 - 10 所示，确保扫描线扫过符号的所有条和空。扫描的角度如图 1 - 2 - 11 所示。

图 1 - 2 - 10　正确的扫描方法

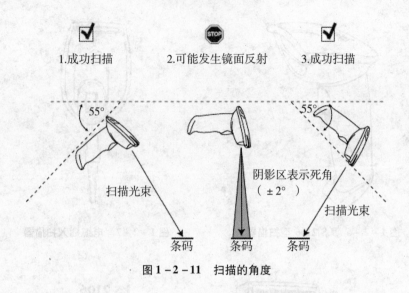

图1-2-11　扫描的角度

任务二　二维条码的制作与应用

任务目标

◇能够设计、制作和打印二维条码
◇能够使用条码扫描系统对条码进行扫描和识别

任务示例

背景材料：二维码是用特定的几何图形按一定规律在平面（二维方向）上分布的黑白相间的图形，是所有信息数据的一把钥匙。二维码与条码相比具有包含更多的信息量；编码范围广；译码准确；保密性更好；成本低、易制作等优点。在现代商业活动中，可实现的应用十分广泛，如：产品防伪/溯源、广告推送、网站链接、数据下载、商品交易、定位/导航、电子凭证、车辆管理、信息传递、名片交流、WiFi共享等。

任务描述：按照要求设计、制作和打印出二维条码，并能够使用条码扫描系统对条码进行扫描和识别。

任务分析

要完成此任务，也可选用 Label mx 通用条码标签软件。

任务处理

1. 二维条码的设计

（1）在如图1-2-12所示左边菜单栏基础上，选择二维条码。

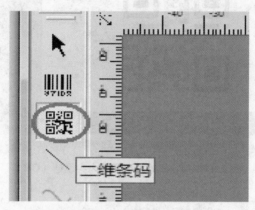

图1-2-12　二维条码标签设计

（2）在图1-2-12右边属性栏选择"类型：PDF417"、"数据：物流信息技术"，得到如图1-2-13所示二维条码标签；如果选择"类型：QR码"、"数据：物流信息技术"，得到如图1-2-14所示二维条码标签。

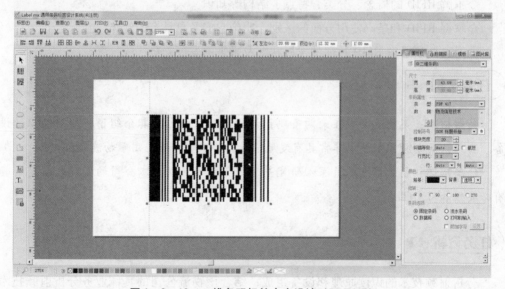

图1-2-13　二维条码标签内容设计（PDF417）

2. 一维条码和二维条码均可用装了二维码扫描软件的智能手机进行扫描，也可用微信软件中的"扫一扫"功能直接扫描一维码和二维码进行识读。

图 1 - 2 - 14　二维条码标签内容设计（QR）

任务三　RFID 技术应用

任务目标

◇了解 RFID 的概念、分类、特点、结构等知识

◇掌握 RFID 和条码使用方面的区别，明确它们各自具有的优势

◇通过调研了解 RFID 目前的发展状况及未来的发展趋势

任务示例

背景材料：某物流公司在采购条码识读设备时，卖方为其介绍了一些射频识读设备。公司认为射频识别技术非常具有发展前景，将来会广泛应用于物流领域。

任务描述：物流信息人员深入研究一下射频技术，结合本公司的实际分析是否具有必要性和可行性。

任务分析

分析射频技术的识读原理和设备组成；结合该物流公司的具体业务分析射频技术的应用领域；调研使用 RFID 设备的成本投入。

任务处理

1. 以小组为单位，查阅和学习 RFID 的相关理论知识。

2. 项目小组采取网络和实地相结合的方式围绕 RFID 展开调查，并写出调查报告，调查内容如下：

（1）RFID 目前的发展状况及未来的发展趋势；

（2）RFID 在物流领域中的应用状况和使用效果；

（3）使用 RFID 设备的成本投入。

项目三　物流信息存储技术与应用

知识目标 ✦▶

◇掌握数据库的定义、类型等基本概念

◇了解数据库建立、存储和查询等基本功能

能力目标 ✦▶

◇具有根据物流信息特性进行数据库设计和建立的能力

◇具有利用数据库进行物流信息存储、查询等能力

任务一　利用数据库存储物流信息

任务目标 ✦▶

◇根据物流信息特性设计数据库及数据表

◇根据物流信息特性填充数据

任务示例 ✦▶

背景材料：物流信息系统的建立，必须有数据库作为支撑。很多企业和部门需要使用物流信息系统进行业务管理，需要根据企业的规模与实际需求选择适合的数据库。

任务描述：为进一步提高效率，某物流公司的经理要求各部门将公司所有业务往来的单证全部输入计算机，建立客户业务数据库，便于今后更好地开展物流业务。

任务分析 ✦▶

掌握数据库的相关知识，会建立数据库。

任务处理 ◆▶

根据所调研的仓库物资管理所涉及的信息进行数据库设计。以仓库管理中物资信息为例，如调研的物资相关信息有物资编码、品名、规格、型号、质量技术标准、计量单位、数量等，结合相关信息进行数据库表的设计，可选用 VFP 数据库软件。

（1）启动 VFP，如图 1 - 3 - 1 所示：

图 1 - 3 - 1　启动 VFP 软件

（2）新建一个名为"仓储管理数据库"的数据库，如图 1 - 3 - 2 所示：

图 1 - 3 - 2　创建仓储管理数据库

（3）使用 VFP 中的表设计器进行表的设计，将调研相关的信息设计到数据库表中，如图 1 – 3 – 3 所示：

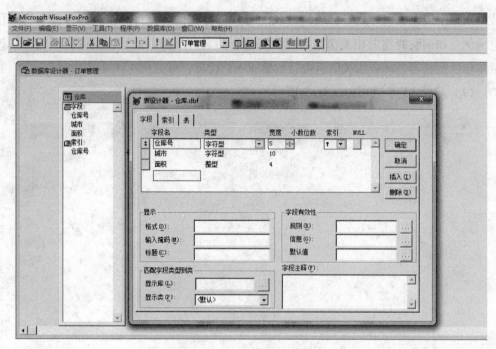

图 1 – 3 – 3　创建物资信息表

（4）表中所有字段设计完成后，将调研的具体物资信息录入到设计好的物资信息表中进行存储，如图 1 – 3 – 4 所示：

图 1 – 3 – 4　数据存储后的显示

（5）设计好数据库中的所有表后，按同样的方法把职工、订购单、供应商三个数据表也填充好数据添加到订单管理数据库中，如图 1 – 3 – 5 所示：

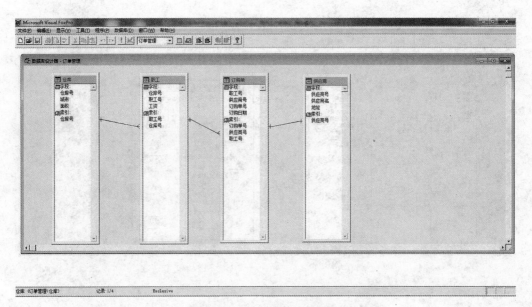

图 1-3-5 订单管理数据库

任务二 利用数据库管理物流信息

任务目标

◇掌握数据库查询的操作方法

◇掌握数据表的基本操作

任务示例

背景材料： 根据实际业务的具体情况，用户需要对数据库进行查询，需要对其结构、数据库中的记录进行浏览、修改。

任务描述： 将任务一完成的对调研的物流订单的结果进行有效查询分析。

任务分析

要完成任务要求，需要掌握数据库的查询知识及常用的操作方法。

任务处理

（1）打开任务建好的订单管理数据库，新建查询，如图 1-3-6 所示：

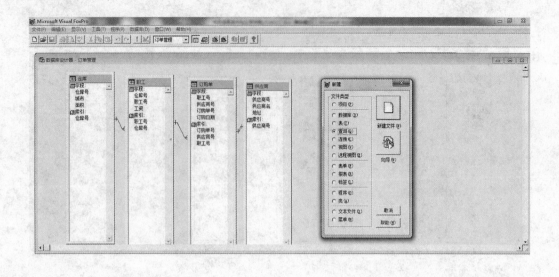

图 1-3-6 新建查询

（2）打开查询设计器，进行查询数据源（仓库、订购单、供应商、职工）的选择，如图 1-3-7 所示：

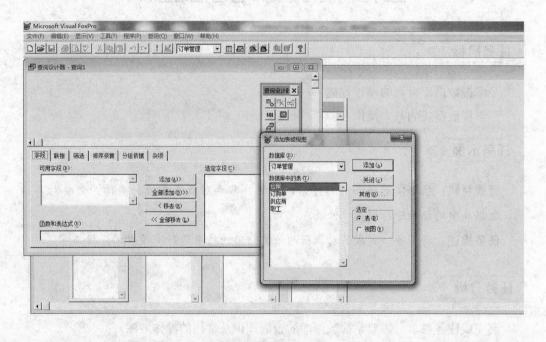

图 1-3-7 查询数据库

（3）如选择仓库、职工两张表进行查询设计，选择输出字段，如图 1-3-8 所示：

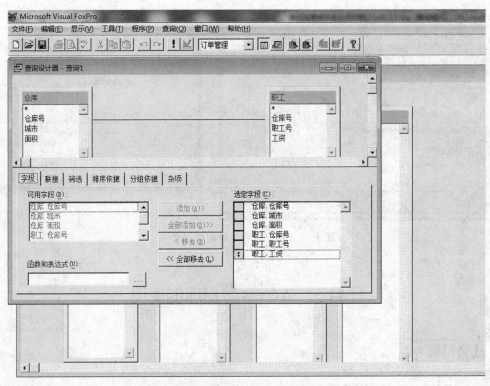

图 1 - 3 - 8 查询设计器

(4) 填写筛选条件，运行查询，如图 1 - 3 - 9 所示：

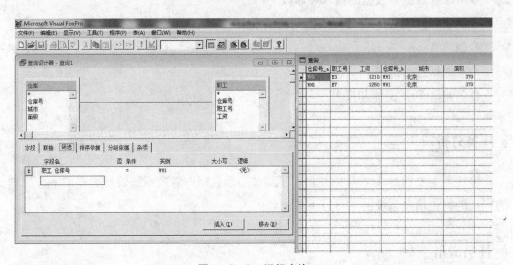

图 1 - 3 - 9 运行查询

(5) 生成查询文件，进行保存，如图 1 - 3 - 10 所示。用该方法可按照要求进行多个表之间的查询。

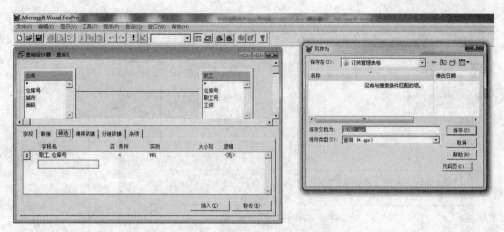

图 1 - 3 - 10 保存生成的查询文件

任务三 Access 数据库的使用

任务目标

◇创建 Access 数据库和数据表

◇修改 Access 数据表结构

◇Access 数据表数据的输入和修改

◇创建和修改 Access 数据表之间的关系

◇创建 Access 查询

◇对数据进行排序

◇创建 Access 窗体和报表

任务分析

该任务主要通过 Access 的使用，了解关系型数据库管理系统管理数据的一般原理，为以后的物流信息系统的学习打下基础。

任务准备

1. 预习数据库的知识，了解常用的关系型数据库管理系统软件。

2. 本任务时间安排 2 课时。

任务处理 ✦▶

操作步骤：

（1）创建数据库和数据表；

（2）修改数据表结构和数据表数据；

（3）样张；

（4）创建窗体和报表。

注意事项 ✦▶

1. 在创建数据库和数据表时，可以根据自己的需求建立相关数据库和表。

2. 在数据库建立时，要分清什么是数据库结构以及数据元素。

3. 在数据表建立时，要清楚什么是表结构和表内容。

4. 输入数据库记录，要逐条输入，输入完毕后保存，主键不能为空。

项目四 物流信息传输技术与应用

知识目标 ✦➤

◇掌握物流信息网络化
◇了解网络安全知识

能力目标 ✦➤

◇会检测网络中计算机中唯一的 IP 地址及网络中计算机之间通信是否畅通
◇会通过计算机共享打印机、刻录机

任务一 现代物流信息网络技术应用

任务目标 ✦➤

◇掌握物流信息网络化相关知识
◇利用搜索引擎进行相关信息搜索
◇会通过局域网计算机共享打印机、刻录机

任务示例 ✦➤

背景材料: 随着 Internet 的普及,越来越多的人参与到这种交互式的网络运用中。网络不但丰富了我们的生活而且便捷办公、提高效率。在一个网络中,不可能每个人的计算机都有配置齐全的外设,打印机、扫描仪、刻录机、DVD 光驱、传真机、音箱……只要有一台外设,把它联入局域网,我们就能轻松拥有使用权。

任务描述: 物流公司的领导交给小刘一项工作,将公司的总结表彰材料全部打印成册，并将受到表彰的先进人物的影像资料刻录成光盘，一并交上级有关部门。小刘所用的计算机没有接入外部设备打印机和刻录机，所以当小刘对完成此项工作正在一筹莫展时，小刘的同事小张对提示她说"我们公司不是刚刚建好局域网吗?"，小刘顿时有办法了。

任务分析 ⬧▶

物流企业需要通过互联网，借助电子商务平台、EDI 系统开展物流业务，也需要利用局域网进行内部管理，这些都依赖于现代物流信息网络技术。我们将以节约成本、提高效率为宗旨，把榨干局域网的理念变为现实。人多力量大，让我们一起共享外设吧。

任务处理 ⬧▶

1. 通过局域网共享打印机

（1）安装打印机并将打印机设置为共享。按照打印机使用说明书成功安装打印机后（如果已有打印机可以忽略此步），点击"开始"选择右边的"打印机和传真"右键点击图标带有黑勾的默认打印机（通常安装打印机成功后，会自动将其设置为默认打印机），选择"共享"点击"如果您了解在安全方面的风险，但又不想运行向导就共享打印机，请点击这儿。"在弹出的"启用打印机共享"对话框中选择"只启用打印机共享"，点击"确定"退出，这台已经安装好打印机并共享的计算机，我们叫它"主机"。如图 1－4－1、图 1－4－2 所示：

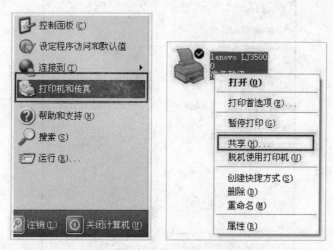

图 1－4－1　设置打印机共享步骤 1

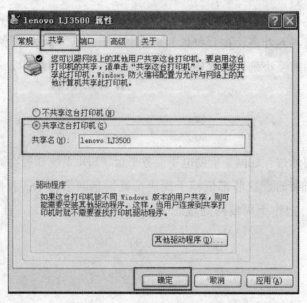

图 1-4-2　设置打印机共享步骤 2

（2）局域网共享设置。首先将局域网内所有使用此打印机的计算机设置为统一的工作组（包括安装打印机的主机），右键点击"我的电脑"，选择"属性"，选择"计算机名"，点击最下方的"更改"，将需要共享的所有计算机工作组设置为统一的名称（如：WORK-GROUP），点击"确定"退出，如图 1-4-3、图 1-4-4 所示。注意：要想实现打印机共享，前提是工作组必须一致。你还可以参照本站的文章"局域网共享设置"来进行设置。

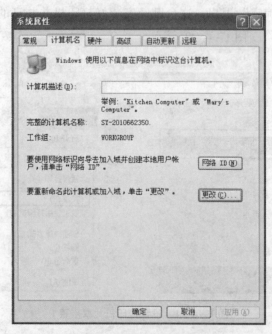

图 1-4-3　系统属性页面

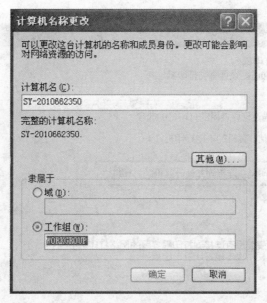

图1-4-4 计算机名称更改

（3）在需要共享此打印机的计算机上安装打印机。点击"开始"，选择右边的"打印机和传真"，点击左边的"添加打印机"，弹出"添加打印机向导"，点击"下一步"，选择"网络打印机或链接到其他计算机的打印机"，点击"下一步"，选择"浏览打印机"，再点击"下一步"，展开主机名称前面的"+"，请保留此标记共享的打印机名字，下一步，弹出提示"您将要连接到……您要继续吗?"，点击"是"，此时安装共享打印机已经完成。我们还可以测试一下是否能够正常打印，在刚才共享的打印机上点击右键，选择"属性"，点击右下角的"打印测试页"，此时打印机将打印出它的固有信息，若能看到说明打印机共享设置成功。如图1-4-5~图1-4-10所示：

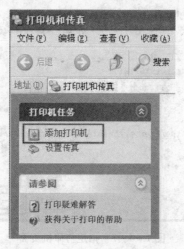

图1-4-5 打印机和传真页面

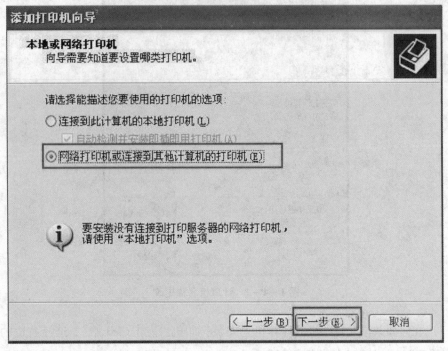

图 1-4-6 本地或网络打印机页面

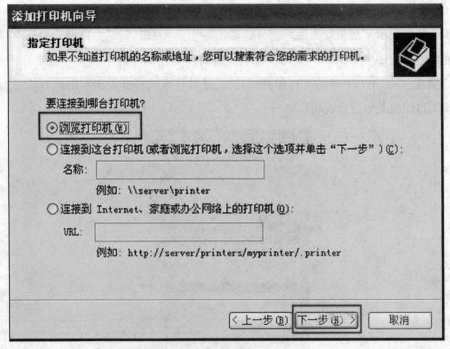

图 1-4-7 指定打印机页面

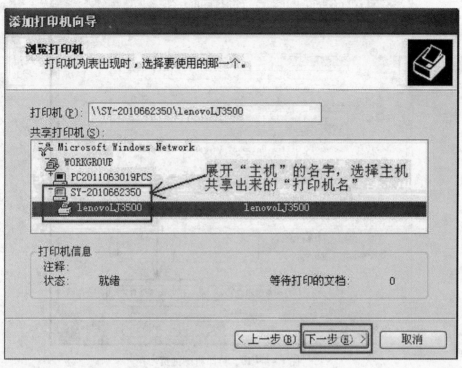

图1-4-8 浏览打印机页面

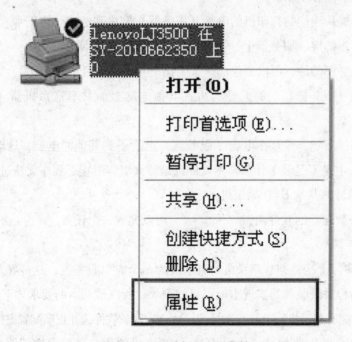

图1-4-9 选择打印机属性

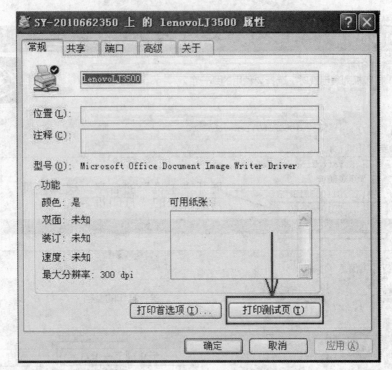

图 1 - 4 - 10　打印机测试页

打印机共享注意事项：

①首先要确认连接的打印机的电脑（服务器）网络和链接一切正常。

②所有即将链接（服务器上）打印机必须在同一局域网内。

③如果有必要的话，可以创建同一个工作组，必须重启才能生效。

④共享号（服务器）上的 C 盘，再在其他电脑上面共享这台机器（服务器）的 IP，链接即可。

⑤如果链接不到，或是在电脑（服务器）上看不到其他的电脑，这时要看一下电脑（服务器）上是不是装了什么杀毒软件或是防火墙等阻止了程序无法进行。

2. 通过局域网共享 DVD 刻录机

Nero 的一款配套的软件叫做"NeroNet"可以完成这个任务。

（1）安装

NeroNet 实际上是将拥有刻录机的电脑设为一个虚拟服务器，这样在局域网里的其他用户可以远程登录服务器实现本地资料的刻录。所以最基本的要求如下：

①主机（拥有刻录机）上装有 Nero 和 NeroNet 两款软件，并正确配置虚拟服务器端；

②客户机安装 Nero 软件，使用经 NeroNet 许可的用户名登录虚拟服务器，完成刻录过程。

主机客户机要全部安装 Nero 完全版，要求 Nero6 及以上版本，否则不支持此项功能。安装完成后，主机端安装 NeroNet 软件。请自行下载 Nero Net 软件，地址：http：//www.newhua.com/soft/12807.htm。

（2）主机端设置

安装完成以后，在右下角会出现图标，在起始的时候它会自动收集关于本机刻录机的相关信息，请耐心等待。之后右键出现图标，选择"WEB Configuration（页面配置）"，如图 1 - 4 - 11 所示：

图 1 - 4 - 11　页面配置

在出现的全英文的界面上，我们需要注意其中的几项：

①点击 User Management（用户管理），在弹出的窗口中输入初始的管理员名称与密码，如图 1 - 4 - 12 所示：

②用户名为：Administrator。

③密码为：neronet。

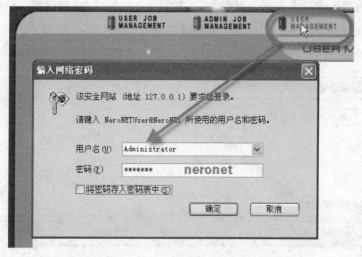

图 1 - 4 - 12　输入用户名和密码

之后，会弹出增加用户界面，点击最下面的"Add User（增加用户）"，为客户设置一个账户，也就是说，当局域网中拥有此账户的人才可登录使用其刻录机。

账户名和密码可以按照自己意愿填写，如图 1 - 4 - 13 所示：

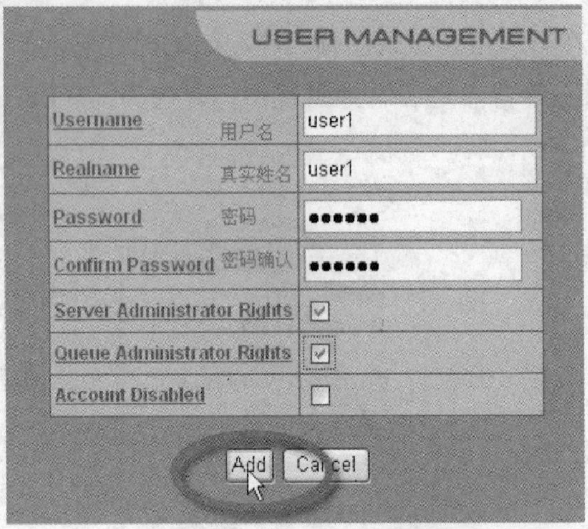

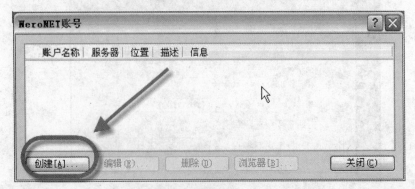

图 1 - 4 - 13　增加用户页面

点击"Add"就完成了账户的添加，至此主机端的设置基本完成。当然，也可以设置多个账户，只需重复以上的步骤。

（3）客户端设置

每一名想要使用刻录机的局域网用户都需要进行此项设置。

成功安装 Nero 之后进入 Nero BuringRom，在"文件"中选择"设置"，找到"高级属性设置"标签，要在这里完成客户端登录虚拟服务器的设置。

选择激活"NeroNET 支持"，然后进入右侧"NeroNet"详细设置。（请注意：您的 Nero 必须为正规完全版本，否则无法使用该功能。）

在弹出的窗口中创建一个新的 NeroNET 账号，选择"创建"，如图 1 - 4 - 14 所示：

图 1 - 4 - 14　创建 NeroNET 账号

这时软件会自动搜寻局域网中提供共享服务的刻录机的虚拟服务器，服务器地址、端口等信息会一一显示。您需要使用在创建服务器时设置的账号与密码登录方可使用，如图 1 - 4 - 15 所示：

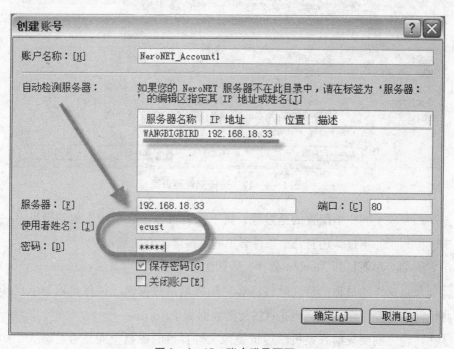

图 1 - 4 - 15　账户登录页面

完成后，在账号窗口会显示消息，这时我们就完成了账户的登录，如图 1 - 4 - 16 所示：

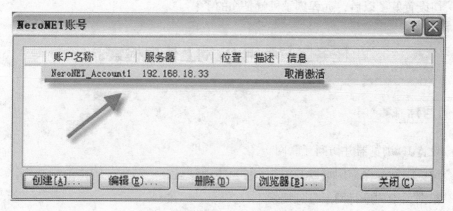

图 1 - 4 - 16　账户成功登录页面

下面开始为本地数据刻录选择远程刻录机。在 Nero BurningRom "刻录机" 中选择 "选择刻录机"，列表会显示本地及远程的光驱及刻录机信息，选择对方机器即可完成，如图 1 - 4 - 17 所示：

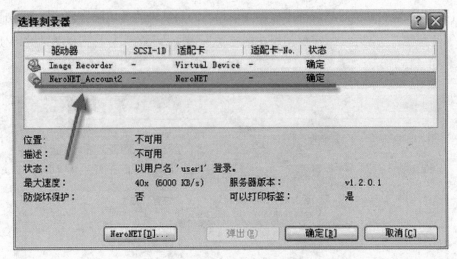

图 1 - 4 - 17　选择刻录器页面

至此，完成了客户端配置的全过程，接下来就可以像在使用本地刻录机时一样的情形来进行刻录。不过，还有几个条件必须满足，请千万注意：

①主机端必须要打开 NeroNet 软件，否则无法登录；

②刻录是这样的过程：首先软件将客户端待刻录数据制成镜像传输与主机端，主机再将镜像文件刻录至光盘，而非直接传输数据刻录；

③在传输之前要先检查主机端虚拟镜像文件存放的磁盘空间是否足够大，如果客户端出现"磁盘空间不足"即因此原因，需要调整文件存放位置；

④传输刻录过程中请不要在使用其他程序，以免造成刻录失败。

一切设置好了以后，远程刻录机就是您的了！

任务二　利用 IE 网上信息检索

任务目标

◇设置 IE 浏览器并访问互联网

◇浏览网站，保存网页以及图片文件至本地硬盘

◇根据关键词进行网上信息搜索

◇搜索提供 Winzip 软件的网站，并下载和使用该软件

◇搜索 FTP 软件服务器下载有关软件并安装使用

◇使用互联网的服务

任务分析

该任务主要是通过设置和使用 IE 软件，来掌握信息浏览的方法，并通过下载安装一些常用软件让学生掌握如何在互联网获取资源并利用资源。

任务准备

1. 提供可以上网的网络教室。
2. 给学生提供可以登录的 FTP 站点。
3. 任务以小组为单位：根据班级情况，每组 3 ~ 5 人，设一名组长。
4. 本任务时间安排 2 课时。

注意事项

1. 正确使用互联网。
2. 教师指导学生进行软件安装，必要时进行演示。

任务三 Internet 信息服务软件的应用

任务目标

◇根据要求设置 Internet 信息服务软件

◇根据要求把企业信息平台安装在服务器端

◇在服务器端设置企业信息平台

◇在浏览器中运行企业信息平台

◇进入企业信息平台的后台，然后添加相关企业信息

任务分析

IIS（Internet Information Server，互联网信息服务）是一种 Web（网页）服务组件，其中包括 Web 服务器、FTP 服务器、NNTP 服务器和 SMTP 服务器，分别用于网页浏览、文件传输、新闻服务和邮件发送等方面，它使得在网络（包括互联网和局域网）上发布信息成了一件很容易的事。该项目主要是通过 IIS 5.0 的配置以及实例的操作来掌握它的配置和管理的方法。

任务准备

1. 将全班学生分成几组，每组 3 ~ 4 人。

2. 小组先查阅或学习相关的理论知识点。

3. 教师准备好 IIS 软件、企业信息平台软件。

任务处理

操作步骤：

（1）IIS 的安装；

（2）创建虚拟 Web 站点；

（3）建立虚拟目录；

（4）配置的备份与还原；

（5）创建虚拟 FTP 服务器；

（6）设置企业信息平台站点。

注意事项

1. 教师可以提供 IIS 安装软件让学生安装，也可以提供已经安装好 IIS 的系统供学生上机使用。

2. 企业平台代表简单的企业信息平台，本任务只是说明信息服务平台的使用。

3. 任务实施过程中可以根据学校实际情况进行安排内容，本书提供了内容相关的源码供学习使用。

4. 教师可以根据实际情况进行调整。

任务四　Ping 攻击与防范

任务目标

◇掌握 Ping 攻击与防范方法

◇掌握利用工具软件检测系统漏洞的方法

任务示例

背景材料：你碰到过网络不安全的情况没有？你碰到的情况有什么样的症状？你

是怎样解决的?

任务描述: 测试特理网络的命令 Ping (因特网包探索器) 是用于测试网络连接量的程序。它发送一个 ICMP 响应请求消息给目的地,并报告是否收到所希望的 ICMP 应答,校验与远程或本地计算机的连接。

任务分析

本任务中的攻击只需网中多台电脑同时在 Ping 后加上参数 – t 对目标机进行长时间测试,从攻击的意义而言就完成了一次 Ping 攻击,大量的数据包将会使目标机运行速度越来越慢,甚至瘫痪。

任务处理

在 DOS 环境中完成这个命令,命令如下:

格式:Ping 目标 IP 地址 – t

例:Ping 192.168.0.6 – t

第 1 步:添加 IP 安全策略。我们首先要做的就是,在控制台中添加 IP 安全策略单元,添加步骤如下:

(1) 依次点击【开始】→【运行】,然后在【运行】窗口中输入"mmc"并回车,此时将会打开【控制台 1】窗口,如图 1 – 4 – 18 所示:

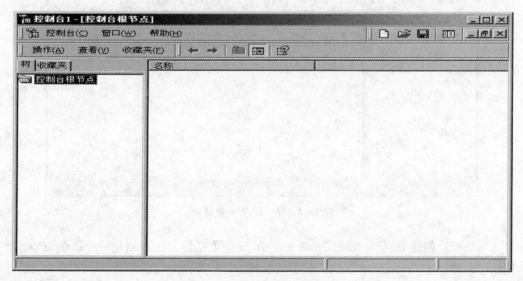

图 1 – 4 – 18 控制台 1 窗口

（2）在图 1-4-18 所示窗口依次点击【文件】→【添加/删除管理单元】→【添加】，此时将会打开【添加/删除管理单元】窗口，在此窗口下的列表中双击"IP 安全策略管理"，如图 1-4-19 所示：

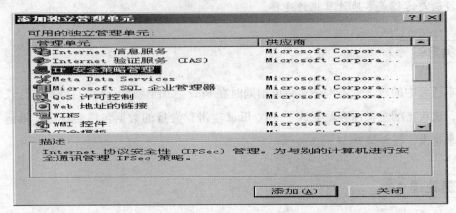

图 1-4-19　添加独立管理单元

（3）这时会弹出【选择计算机域】窗口，在此选中【本地计算机】，然后点击【完成】按钮，最后依次点击【关闭】→【确定】，返回【控制台1】主界面，此时会发现在【控制台根节点】下多了【IP 安全策略，在本地计算机】（如图1-4-20所示）项，可以说明控制台中已经添加了 IP 安全策略项。

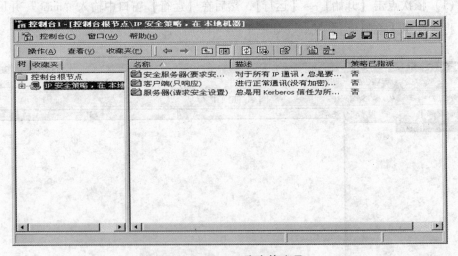

图 1-4-20　IP 安全策略项

第 2 步：创建 IP 安全策略。在添加了 IP 安全策略后，还要创建一个新的 IP 安全策略，步骤如下：

（1）在图 1-4-20 中右键点击【IP 安全策略，在本地机器】选项，执行【创建 IP 安全策略】命令，会打开【IP 安全策略向导】窗口。

（2）单击【下一步】按钮，会出现要求指定 IP 安全策略名称及描述向导页面，可以在【描述】下输入一个策略描述，比如【禁止 Ping】，如图 1 - 4 - 21 所示：

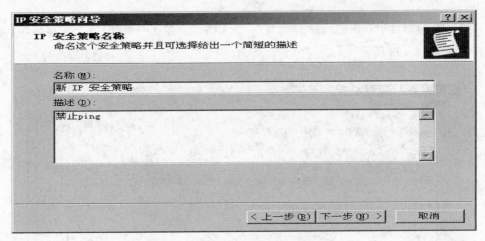

图 1 - 4 - 21 IP 安全策略名称页面

（3）单击【下一步】，然后在出现的页面中确保选中【激活默认相应规则】项，然后单击【下一步】。

（4）在出现的【默认响应规则身份验证方法】对话框中选中【此字符串用来保护密钥交换（预共享密钥）】选项，然后在下面的文字框中任意键入一段字符串（如"禁止 Ping"），如图 1 - 4 - 22 所示：

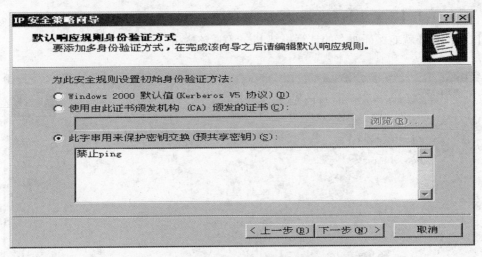

图 1 - 4 - 22 默认响应规则身份验证方式页面

（5）单击【下一步】，会出现完成 IP 安全策略向导页面窗口，最后单击【完成】按钮即完成了 IP 安全策略的创建工作。

第3步：编辑 IP 安全策略属性。在以上 IP 安全策略创建后，在控制台中就会看到刚刚创建好的【新 IP 安全策略】项，下面还要对其属性进行编辑修改，步骤如下：

（1）在控制台中双击创建好的新 IP 安全策略，会弹出【新 IP 安全策略属性】窗口，如图 1-4-23 所示：

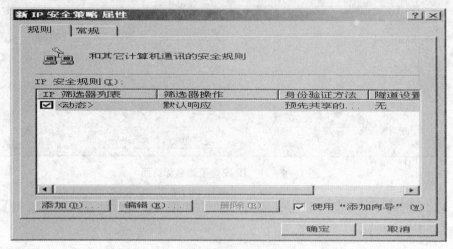

图 1-4-23　新 IP 安全策略属性窗口

（2）单击【添加】按钮，会弹出【安全规则向导】窗口，直接点击【下一步】则进入【隧道终结点】页面，在此点选【此规则不指定隧道】。

（3）单击【下一步】会出现【网络类型】页面，在该页面中点选【所有网络连接】项，这样就能保证所有的计算机都 Ping 不通该主机了，如图 1-4-24 所示：

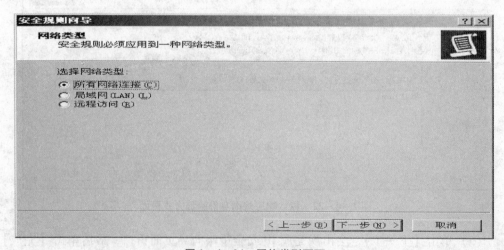

图 1-4-24　网络类型页面

（4）单击【下一步】，会出现【身份验证方法】页面，继续选中【此字符串用来保护密钥交换（预共享密钥）】项，然后在下面的输入框中输入"禁止 Ping"的文字，如图 1 - 4 - 25 所示：

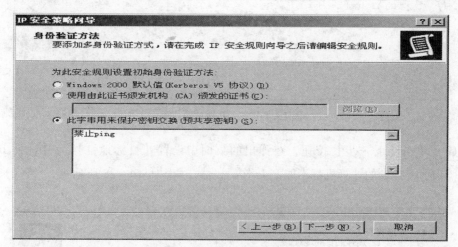

图 1 - 4 - 25　身份验证方法页面

（5）单击【下一步】，然后在打开的【IP 筛选器列表】页面中单击【添加】按钮，会打开【IP 筛选器列表】窗口，如图 1 - 4 - 26 所示：

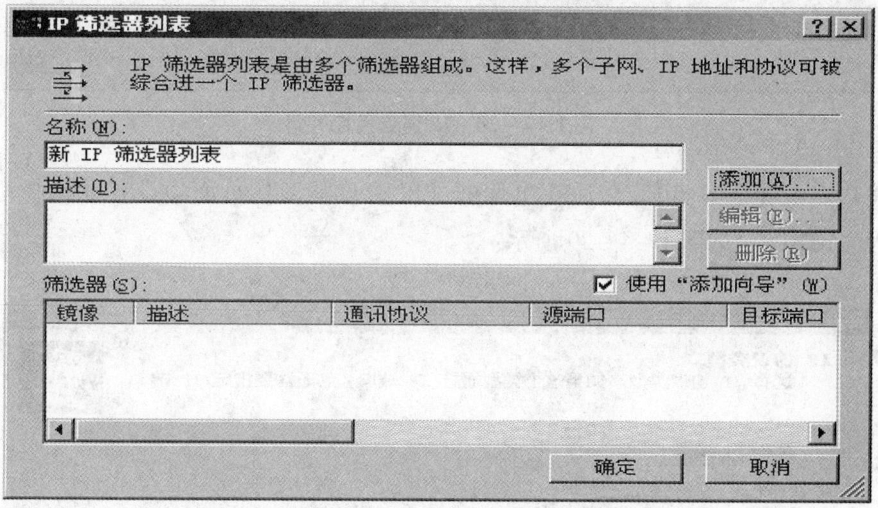

图 1 - 4 - 26　IP 筛选器列表页面

（6）在【IP 筛选器列表】窗口中单击【添加】按钮，会弹出【IP 筛选器向导】窗口，单击【下一步】，会弹出【IP 通信源】页面，在该页面中设置【源地址】为"我的 IP 地址"，如图 1 - 4 - 27 所示：

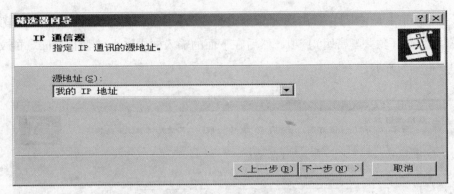

图 1 – 4 – 27 IP 通信源页面

(7) 单击【下一步】按钮，在弹出的页面中设置【目标地址】为【任何 IP 地址】，任何 IP 地址的计算机都不能 Ping 你的机器，如图 1 – 4 – 28 所示：

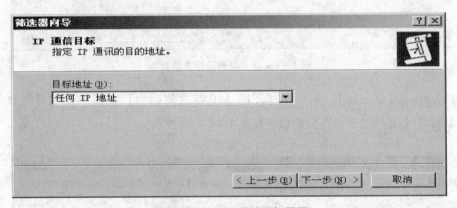

图 1 – 4 – 28 IP 通信目标页面

(8) 点击【下一步】，然后在出现的【IP 协议类型】页面中设置【选择协议类型】为 "ICMP"，如图 1 – 4 – 29 所示：

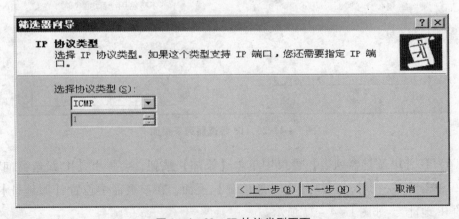

图 1 – 4 – 29 IP 协议类型页面

（9）依次单击【下一步】→【完成】，此时，你将会在【IP 筛选器列表】看到刚创建的筛选器，将其选中后单击【下一步】，在出现的【筛选器操作】页面中设置筛选器操作为【需要安全】选项，如图 1 − 4 − 30 所示：

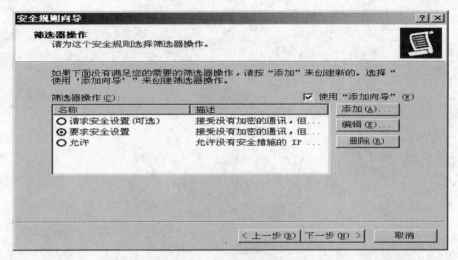

图 1 − 4 − 30　筛选器操作页面

（10）点击【下一步】，然后依次点击【完成】→【确定】→【关闭】按钮，保存相关的设置返回控制台即可。

第 4 步：指派 IP 安全策略。安全策略创建完毕后并不能马上生效，还需通过【指派】功能令其发挥作用。方法是：在【控制台根节点】中右击【新的 IP 安全策略】项，然后在弹出的右键菜单中执行【指派】命令，即可启用该策略，如图 1 − 4 − 31 所示：

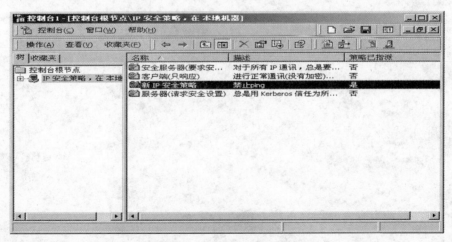

图 1 − 4 − 31　指派 IP 安全策略

　　至此，这台主机已经具备了拒绝其他任何机器 Ping 自己 IP 地址的功能，不过在本地仍然能够 Ping 通自己。经过这样的设置之后，所有用户（包括管理员）都不能在其他机器上对此服务器进行 Ping 操作，不用担心被 Ping 威胁了。

项目五　物流信息交换技术与应用

知识目标 ➕▶

◇掌握 EDI 工作原理

◇掌握 EDI 的概念、特点、分类

◇了解 EDI 系统组成

能力目标 ➕▶

◇能填制贸易单证

◇掌握 EDI 在物流领域的应用

◇能利用 EDI 教学软件将贸易商业发票转换成 EDI 标准报文

EDI 操作

任务目标 ➕▶

◇能够掌握 EDI 技术的相关知识

◇熟练操作 EDI 软件

任务示例 ➕▶

背景材料：很多企业为了缩短和减少单据的清算时间，加速资金的周转，将企业业务资料，如发票、报价单、运单、装箱单和订单等单证在网络上相互传送并结算。因此，需要相关人员掌握 EDI 技术相关知识，熟练操作 EDI 软件。

任务描述：为提高工作效率，某物流企业准备采用 EDI 技术对企业进行管理，通过 EDI 和客户进行业务数据交换。

任务分析 ✦▶

要完成此任务，需要相关人员进行 EDI 技术的学习，并要求熟练操作 EDI 软件。

任务处理 ✦▶

1. 软件下载：从 EDI 网站 http：//www. npedi. com 下载软件。

2. 软件安装：执行下载的安装文件 ensetup. exe。默认安装在 c：\ NPEDI，安装目录可以自行修改。

3. 软件使用。

注意事项：

（1）教师要提前下载软件并调试和检测。

（2）需要 Internet 网络教学，要熟悉学校内局域网的 IP 地址。

（3）需要向 EDI 中心注册 FTP 登录用户名（小写方式）和 FTP 登录口令。

项目六　GPS 和 GIS 技术在物流领域的应用

知识目标

◇掌握 GPS 和 GIS 的特点及用途

◇掌握 GPS 的组成和定位原理

◇了解北斗导航系统的原理及发展趋势

能力目标

◇熟练使用手持 GPS 进行定位

◇熟练使用 GIS

任务一　GPS 技术应用

任务目标

◇明确 GPS 的概念，熟悉其基本原理

◇了解 GPS 的发展、掌握其构成及功能

◇掌握 GPS 的操作技能，并会在物流作业中应用

任务示例

背景材料：运输成本是物流作业中比例最大的一部分，为了更加合理地调度车辆，及时掌握车辆及货物的在途信息，某公司决定为自由车辆设备配备 GPS，同时要求为本公司服务的运输公司的车辆也必须配有 GPS，这成为今后选择合作伙伴的条件之一。公司要求所有与运输、配送作业相关的人员都会使用 GPS，以此提高运作效率和服务水平。

任务描述：在掌握 GPS 基础知识的基础上，通过网络查找 GPS 导航设备的使用，从而掌握 GPS 的使用方法。

任务分析

教师带领学生去当地知名物流公司进行调查参观，写一篇关于 GPS 在物流信息系统中应用的情况的调研报告。

任务处理

1. 以小组为单位，下载 GPS 车辆监控系统软件。
2. 利用网络查询 GPS 的使用，或根据程序的说明、帮助等学会 GPS 的操作方法。
3. 将 GPS 的使用方法总结下来，每个小组选一名同学进行讲解。
4. 利用课余时间，在周边物流公司进行调查，写一篇关于本地区 GPS 在物流信息系统中应用情况的调研报告。

任务二　GIS 技术应用

任务目标

◇了解 GIS 的概念、原理
◇熟悉 GIS 技术的特性、基本功能以及构成
◇会使用城市电子地图
◇了解 GIS 技术在物流分析过程及物流信息系统中的应用

任务示例

背景材料：随着某物流公司业务的开展，其业务覆盖的地域范围越来越大，这对公司的运输、配送提出了更高要求。公司不仅要掌握配送单位的具体位置，而且要掌握不同地区的线路情况。

任务描述：该公司决定在网上申请 GIS 的相应服务，在公司全面推广 GIS 的使用。

任务分析

熟悉城市电子地图的使用方法，通过调查，总结 GIS 在物流信息系统中的应用。

任务处理

　　1. 以小组为单位，在网络上查找提供 GIS 服务或提供电子地图的网站。

　　2. 进入这类网站，查看所提供的 GIS 服务或电子地图服务都有哪些内容，能完成哪些功能。

　　3. 学习使用电子地图。

　　4. 每小组在某地区的电子地图上，选择 1 个配送中心和 5 个配送地点，交给其他小组。接到任务的小组在电子地图上找到这些地点，找出可能的配送线路，并制定最优路线。

项目七 物流管理信息系统应用

知识目标

◇掌握物流管理信息系统的定义、内容、功能
◇熟知几种典型的物流管理信息系统的应用

能力目标

◇能够运用物流管理信息系统去处理物流活动中所遇到的问题
◇具备常用物流管理信息系统的操作能力

任务一 物流管理信息系统认知

任务目标

◇掌握物流管理信息系统的定义、内容、功能
◇能够分析出物流管理信息系统给企业带来的好处

任务示例

背景材料：随着经济发展，国内的部分物流公司迅速崛起，业务能力越来越强，经验也有所积累，但与此同时带来的是管理难度的加大。为了能得到进一步发展，必须做到对客户更完善的服务，增加业内的竞争力，因为物流业的竞争之残酷也是有目共睹的。问题是，在手工作业条件下，实践表明，出错的概率是非常高的。时有错货、窜货事故发生，对于客户来讲是灾难性的。客户对物流公司的印象也会因此大打折扣。出错是一个问题，可是能抱怨员工不努力吗？君不见，物流企业的底层职位可谓是最辛苦的职业之一了，加班一整宿是经常的事，这么努力的员工，作为领导，还忍心骂

他们吗？很简单，我们需要的是电脑的帮助。

任务描述：教师带学生到大中型物流企业调研，了解企业物流信息系统的应用情况及给企业带来的好处。

任务分析 ▶

需要对企业进行必要的调研，在调研之前，还要掌握一些物流管理信息系统的相关知识。

任务处理 ▶

据研究调查，在我国物流服务企业中，仅有39%的企业拥有物流信息系统，绝大多数物流服务企业尚不具备运用现代信息技术处理物流信息的能力。一方面是缺乏信息化管理的意识，没有超前的观念和技术创新的原动力，另一方面是没有全面地了解管理信息化给企业的发展带来的推动作用。

物流管理信息系统实现从物流决策、业务流程、客户服务的全程信息化，对物流进行科学管理。重视物流信息系统和物流管理的互动，既要根据自己的物流管理流程来选择适合的物流信息系统，也要通过物流信息系统来优化和再造自己的物流管理流程。选择合适的物流管理信息系统能给企业带来的好处有：

（1）提高企业物流综合竞争力。

（2）内部运作效率提高，能够从容处理各种复杂物流业务。

（3）通过与客户的实时信息共享，提高了客户服务质量。

（4）在对大量的客户业务数据进行统计分析的基础上，使得向客户提供增值服务成为可能，并挖掘出巨大的销售潜力。

（5）加强总部对分支机构的管理以及与股东单位、合作伙伴、支持资源的信息沟通、业务合作，向管理层、决策层提供实时的统计分析数据，提高了市场反映速度和决策效率。

任务二　仓储管理信息系统

任务目标 ▶

◇熟知仓储管理信息系统的应用

◇会操作 WMS

任务示例 ✦➔

背景材料: 为提高竞争力,企业必须不断超越用户的期望,改造现有业务与流程,通过科学的分析、规划、设计,根据不同企业各自的物流特点设计出合理的仓储规模、布局及配送方案。仓储管理的信息化是现代化仓库管理的趋势,市场迫切呼唤高性能的仓储管理系统(Warehouse Management System, WMS)。

任务描述: 了解仓储的相关知识,学会 WMS 软件操作。

任务分析 ✦➔

首先熟悉入库管理作业流程、在库管理作业流程、出库管理作业流程、配送作业流程等,然后根据软件使用说明学会操作 WMS 软件。

任务处理 ✦➔

登录仓储信息系统,如图 1 - 7 - 1 所示,进行相关操作。

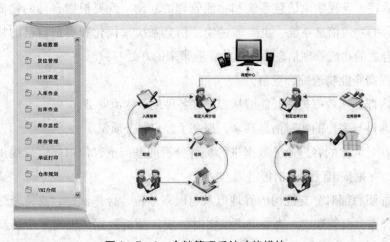

图 1 - 7 - 1 仓储管理系统功能模块

知识拓展 ✦➔

1. 仓储业务管理制度设计

(1)货物入库管理制度。货物入库包括接货、验收入库、办理交接手续、登记入账等工作,企业制定货物入库管理制度,可以有效地规范员工的行为,确保入库货物的质量。下面是某企业的货物入库管理制度,供读者参考。

货物入库管理制度

第1章　总则

第1条　目的

1. 保证货物入库管理工作的顺利进行。

2. 规范货物入库操作流程，确保入库货物的质量符合企业要求。

第2条　适用范围

本制度适用于接货、验收入库、办理交接手续、登记入账等货物入库管理工作。

第3条　管理职责

1. 仓储部经理负责制定验收制度、审核验收标准、审批验收结果等各项工作。

2. 入库主管负责组织入库准备工作、制定入库方案、审核验收结果、审核入库手续等工作。

3. 存储主管负责安排和实施入库准备工作、协助入库主管制定入库方案、进行货物验收并办理入库手续等工作。

4. 装卸搬运人员负责卸货、搬运等各项工作。

第2章　货物入库准备

第4条　入库货物的货位安排

存储主管需安排入库货物的货位，安排货位时需要注意以下三点。

1. 使货位合理化，以最小的仓容储存最大量的货物，提高仓容利用率。

2. 注意货物自身的自然属性和特性，以免货物发生霉腐、锈蚀、熔化、干裂、挥发等变化。

3. 注意方便出入库业务，要尽可能缩短出、入库作业时间。

第5条　入库货物的堆垛准备

1. 按入库货物的数量、体积、重量和形状，计算货垛的占地面积、垛高，并规划好垛形。对于箱装、规格整齐划一的货物，其占地面积、可堆层数及单位面积重量可参考表1-7-1中的公式计算。

表1-7-1　　　　　　　　　　　堆垛数据计算公式

计算项目	计算公式
占地面积	占地面积＝（总件数÷可堆层数）×该件货物的底面积
	占地面积＝总重量÷（层数×单位面积重量）

计算项目	计算公式
可堆层数	可堆层数 =（地坪）单位面积最大负荷量÷单位面积重量
单位面积重量	单位面积重量 = 每件货物毛重÷该件货物的底面积

2. 在计算占地面积和确定垛高时，必须注意上层货物的重量不能超过其容器可承受的压力，整个货垛的重量不能超过地坪的容许载荷量。

3. 垛底应打扫干净，并放上必备的垫墩、垫木等垫垛材料。如果需要密封货垛，还需要准备密封材料。

第6条　接货前的人员和设备准备

1. 入库主管在接到接货通知单后要制订接货作业计划，明确接货前要做的准备工作。

2. 入库管理人员应当认真查阅货物资料，掌握货物的品种、规格、数量、包装状态、单件体积、运达时间和保管特殊要求等，以便做好接货准备工作。

3. 入库主管应当做好人员安排，处理好货物运达与接收间的衔接工作。

4. 入库主管应当做好入库货物的搬运准备工作，具体如下所示。

（1）准备好搬运的设备、工具及人员，在装车启运前就做到数量准、批次清，以利于搬运作业的开展。

（2）在接货前对接货设备进行检验，确保装卸搬运设备完好可用。

（3）与送货单位协调沟通，减少搬运次数。

第7条　选择接货方式

接货一般包括铁路专用线接货、车站码头提货、仓库自行提货和库内接货四种方式。

入库管理人员应根据公司进货情况选择合理的接货方式。

第3章　货物验收

第8条　货物验收入库

接货工作完成后，仓储部应立即开展货物验收入库工作，并办理相关手续。

第9条　入库验收的内容

1. 核对采购订单与供货商发货单是否相符。

2. 检查货物的包装是否牢固，包装标志、标签是否符合要求。

3. 开包检查货物有无损坏。

4. 查看货物的分类是否恰当。

5. 比较所购货物的数量、尺度。

6. 检查货物的气味、颜色、手感等是否正常。

第10条　入库验收的方式

1. 入库验收有全检和抽验两种方式，全检主要是对数量进行验收，大批量到货一般采用抽验方式。

2. 若采用抽验的方式，则需要根据货物的特点、价值、物流环境等因素确定抽验比例。表1-7-2列出了一些常见货物的验收比例，供入库验收人员参考。

表1-7-2　　　　　　　　　　　入库验收抽验比例

验收项目	抽验比例规定
质量检验	带包装的金属材料，抽验5%~10%；无包装的金属材料，全部目测查验 10台以内的机电设备，验收率为100%；100台以内，抽验率不低于10% 运输、起重设备100%查验 仪器仪表外观质量缺陷查验率为100% 易发霉、变质、受潮、变色、污染、虫蛀、机械性损伤的货物，抽验率为5%~10% 外包装有质量缺陷的货物，抽验率为100% 进口货物原则上采取100%逐件检验
数量检验	不带包装的（散装）货物，检斤率为100%，不清点件数；有包装的货物，毛检斤率为100%，回皮率为5%~10%，件数清点率为100% 定尺钢材检尺率为10%~20%，非定尺钢材检尺率为100% 贵重金属材料100%过净重 有标量或者标准定量的化工产品按标量计算，并核定总重量 同一包装、大批量、规格整齐的货物，或包装严密、符合国家标准且有合格证的货物，可以采取抽查的方式验量，抽验率为10%~20%

第11条　入库验收的方法

1. 视觉检验。在充足的光线下，利用视觉来观察货物的颜色、状态、结构等表面状况，检验其是否有变形、破损、脱落、变色、结块等损害情况，进而对质量加以判断。

2. 听觉检验。通过摇动、搬运操作、轻度敲击来听取声音，以判断货物的质量。

3. 触觉检验。利用手感鉴定货物的光滑度、细度、黏度、柔软度等，以判定质量。

4. 嗅觉、味觉检验。通过货物所发出的特有的气味、滋味来判定质量。

5. 测试仪器检验。利用各种专用测试仪器鉴定货物品质，如对货物的含水量、密度、成分、黏度、光谱等进行测试。

6. 运行检验。对货物运行状况进行检验，以判定其质量，如车辆、电器等。

第12条　入库验收的时间

1. 属外观等易识别性质检验的货物，应于收到货物后一天内完成验收。

2. 属化学或物理检验的货物，验收人员应于收到货物后三天内完成验收。

3. 对于必须试用才能实施检验者，由验收主管在"货物验收报告表"中注明验收完成日期，一般不超过七天。

第4章 货物编码

第13条 选择货物编码方法

仓储人员对验收合格的货物需进行编码，货物编码主要有四类方法，具体介绍如表1-7-3所示：

表1-7-3 货物编码方法

名称	介绍	优缺点
数字法	将某种货物用特定的一个或一组数字来表示的方法	容易了解 需另外准备货物项目与数字对照表，且要记忆对应项目
英文字母法	将某种货物用特定的一个或一组字母来表示的方法	除I、O、Q、Z外有22个字母可用 需记忆字母所代表的类别
暗示法	将某种货物用特定的编码来表示的方法	从字母、数字中得到暗示，无须记忆且不被外人知晓，适用于重要货物编码
混合法	将某种货物用英文字母和数字结合起来表示的方法	字母代表类别或名称，方便识记 仍需准备货物项目与数字对照表

第14条 确定大类、中类位数及代号

1. 编码小组研究公司所有的货物信息，对其加以分类后确定大类数目。货物大类可以根据公司商品码加以分类。

2. 编码小组将每一大类的货物再细分为中类，确定中类数目。

3. 编码小组根据大类、中类数目，确定大类和中类位数，并为其做好代号。

4. 大类和中类代号要完整记录在货物编码规则中，以便入库管理人员参照执行。

第15条 确定小类位数及编码

1. 编码小组将中类细分为小类，并确定小类位数。

2. 编码小组为小类编码。

第16条 确定编码规则

1. 编码小组根据以上各项工作确定编码规则。

2. 编码规则需经仓储部经理审批通过后方可实施。

第5章 办理货物入库手续

第17条 收货扫描及清点

1. 工作人员利用数据采集系统对到货进行入库清点,检查货物的状态。

2. 收货扫描时如系统不接受,应及时找信息技术部门查明原因,确认是否收货。

第18条 建立货物卡

1. 货物入库堆码完毕后,仓储人员应立即建立货物卡,确保一垛一卡。

2. 货物卡需根据堆垛货物的品名、型号、规格、数量、单位及进出动态和积存数填写。

3. 货物卡一般有两种处理方式,其简要介绍和优缺点如表1-7-4所示:

表1-7-4 货物卡处理方式一览

处理方式	简要介绍	优缺点
管理责任制	即由入库主管集中保存管理	操作严谨,不易出错;但如果有进出业务而入库主管缺勤时,就难以及时处理
直接操作制	将填制的卡直接挂在货物的垛位上,挂放位置要明显	便于随时与实物核对,有利于货物进出业务的及时进行,可以提高保管人员的工作效率;但有可能出现错误操作

第19条 入库货物登账

1. 货物入库后,仓库管理人员应建立实物保管明细账,登记货物入库的详细情况。

2. 仓库管理人员应按货物的品名、型号、规格、单价等分别建立实物保管明细账,此账本采用活页式,按货物的种类和编号顺序排列,在账页上要注明货位号和档案号,以便查对。

3. 实物保管明细账必须严格按照货物的出入库凭证及时登记,并确保填写清楚、准确。记账发生错误时,可划红线更正。

第20条 建立仓库工作档案

1. 仓库建档工作是指对货物入库业务作业全过程的有关资料证件进行整理、核对,建立资料档案。

2. 仓库工作档案的资料主要包括以下四方面。

(1)货物到达仓库前的各种凭证、运输资料。

(2)货物入库验收时的各种凭证、资料。

(3)货物保管期间的各种业务技术资料。

(4)货物出库和托运时的各种业务凭证、资料。

3. 建档工作必须满足以下三项具体要求。

（1）一物一档。建立货物档案应该是一物（一票）一档。

（2）统一编号。货物档案应进行统一编号，并在档案上注明货位号。同时，在实物保管明细账上注明档案号，以便查阅。

（3）妥善保管。货物档案应存放在专用的柜子里，由专人负责保管。

第21条 签单

1. 货物验收入库后，应及时按照"仓库货物验收记录"要求签回单据，以便向供货方或货主表明收到货物的情况。

2. 如果出现货物数量短少等情况，签单也可作为与供货方进行交涉的依据，所以签单必须准确无误。

第6章 附则

第22条 本制度由仓储部制定，其修改权、解释权归仓储部所有。

第23条 本制度经总经理审批后，自颁布之日起执行。

（2）货物储存管理制度。企业制定货物储存管理制度，可以加强对库存货物的管理，确保货物的合理堆码，定期进行货物的检查维护及环境的清理，确保货物的安全。下面是某企业的货物储存管理制度，供读者参考。

货物储存管理制度

第1章 总则

第1条 目的

为了确保货物储存管理的科学化、合理化、规范化，提高货物的保管质量，特制定本制度。

第2条 适用范围

凡公司有关货物存储保管的事项均应依照本制度处理。

第3条 管理职责

1. 仓储部经理负责监督货物存储管理工作的开展情况。

2. 入库主管负责入库货物的堆码工作。

3. 存储主管负责货物存储的日常管理和维护工作。

第2章 货物堆码

第4条 明确堆垛场地

入库主管需要根据入库货物的类型确定堆码场地。堆码场地一般可分为库房内堆码场地、货棚内堆码场地及露天堆码场地。

第5条 进行垫垛

1. 在货物码垛前，入库管理人员需指导装卸搬运工进行垫垛。

2. 衬垫物主要包括枕木、废钢轨、货板架、木板、帆布、芦席、钢板等。

3. 应确保所使用的衬垫物不会对拟存物品产生不良影响，并具有足够的抗压强度。

第6条 实施堆垛作业

垫垛完之后，入库主管根据货物的品种、性质、包装、体积、重量以及仓库的具体储存要求，确定货物的堆码方法，指导装卸搬运人员进行科学合理的堆码。

1. 堆垛的方法主要包括重叠式、纵横交错式、仰俯相间式、压缝式、通风式、栽柱式、衬垫式、直立式等。

2. 入库人员在堆垛时需遵循以下基本要求，具体如表1-7-5所示：

表1-7-5 堆垛的基本要求说明

基本要求	具体说明
分类存放	将不同类别的货物分类存放，甚至分区、分库存放 不同规格、不同批次的货物也要分位、分堆存放 残损货物要与合格货物分开 对于需要分拣的货物，在分拣之后应分位存放，以免混杂
选择适当的搬运活性	根据货物作业的要求，合理选择货物的搬运活性 搬运活性高的存放物品应注意摆放整齐，以免堵塞通道、浪费仓容
面向通道	货垛以及所存放货物的正面应尽可能面向通道，以便查看 所有货物的货垛、货位都应有一面与通道相连，以便工作人员能对货物进行直接作业 所有的货位都与通道相通时，才能保证不围不堵

3. 堆码操作的要求如下。

（1）堆码的操作工人必须严格遵守安全操作规程，合格使用各种装卸搬运设备，同时还须防止超过地坪的安全负荷量。

（2）码垛必须不偏不斜、不歪不倒、牢固坚实，以免倒塌伤人、摔坏货物。

（3）货垛的间距、走道的宽度以及货垛与墙面、梁柱的距离等都要合理、适度。

（4）货垛的行数、层数力求成整数，以便于清点、收发作业。若过秤货物不成整数时，应分层表明重量。

（5）货垛应按一定的规格、尺寸叠放，排列整齐、规范，货物包装标志应一律朝外，便于查找。

（6）堆垛时应注意节省空间位置，适当、合理地安排货位，以提高仓容利用率。

第 7 条 进行堆垛苫盖

1. 在货物堆码完成之后，入库人员要选择合适的苫盖材料对堆码货物进行苫盖，以达到防尘、防晒、防雨、防风、防自然损耗的目的。

2. 常用的苫盖材料有塑料布、席子、油毡纸、铁皮、苫布等。

3. 常用的苫盖方法有垛形苫盖法、鱼鳞式苫盖法、隔离苫盖法、活动棚架苫盖法、固定棚架苫盖法等。

第 8 条 记录货物堆放位置

1. 入库主管详细记录货物的存放位置，及时将堆码信息通知存储主管。

2. 货物的存放位置若有变化，存储主管必须及时更改信息，确保货物实际存储位置与电脑系统中的储位一致。

第 3 章　在库保管

第 9 条 库房温湿度管理

1. 仓库管理员每天对仓库内的温度和湿度进行检查和记录，确保仓库温湿度控制在合理范围之内。

2. 温湿度异常处理规定如下。

(1) 当仓库温度高过允许的上限或者低于允许的下限时，仓库管理员应及时通知仓储主管，要求其采取措施来调整仓库温度，仓储主管应在 24 小时内将问题解决。

(2) 当仓库湿度高过允许的上限时，仓库管理员应及时通知仓储主管，要求其采取适当的措施来调整仓库湿度。

第 10 条 害虫防治措施

1. 库房所有门窗应该是密封的。若必须长时间打开，应安装防虫窗纱。

2. 库房墙壁和地面不应有洞或裂缝。若出现洞或裂缝，应在两天内修好。

3. 仓库周围的树木、沟渠、角落及有可能滋生害虫的地方，每月要喷洒一次杀虫剂。

4. 为了切断害虫的食物源，不能在仓库内和仓库外一米以内进食。

第 11 条 蚁虫防治工作

1. 库房每星期检查一次。每年在白蚁繁殖期（春季），应对仓库建筑物和四周环境进行全面普查，以防止蚁患滋生。

2. 在检查过程中如发现白蚁或其他虫害时，应根据具体情况采取诱杀、挖剿、毒土处理、熏蒸灭虫等防治措施，防治措施应该是安全而有效的。

第 12 条 鼠害防治工作

1. 仓库管理员应在库房各个地点放上捕鼠胶，并每天对库房内的捕鼠器和捕鼠胶进行检查。

2. 仓库管理员如发现失去黏性的捕鼠胶，应立即进行处理或更换。

第13条 在库检查

1. 仓储管理员应及时查看在库货物，排查霉变、破损、虫蛀、潮湿等状况，检查货物完整、牢固的状况，保证在库货物的质量安全。

2. 排查时除了用感官检查货物质量外，还可以用仪器测定货物的具体状况。

3. 下列四类货物应当加强检查。

(1) 性能不稳定的货物。

(2) 利用旧包装或包装有异常的货物。

(3) 重新入库或从外仓转来的货物。

(4) 异常天气情况下入库的货物。

第4章 仓储安全管理

第14条 消防安全管理

1. 公司所有仓库必须建立健全防火组织和消防制度。

2. 仓库应每月定期检查消防设施的使用实效，并接受安保部的检查和监督。

3. 严禁在仓库内吸烟，严禁酒后值班。

4. 检查易燃、易爆货物是否单独存储、妥善保管。

5. 严禁随意动用仓库消防器材。

第15条 仓库防盗管理

1. 仓库管理员离开时必须严格做好交接班工作。

2. 仓库必须保持24小时值班，特殊情况下仓库无人时，仓库管理员必须锁好仓库大门。

3. 存储主管每天必须检查仓库门锁有无异常、货物有无丢失。

第16条 其他安全隐患管理

1. 仓库管理员下班前须认真检查是否拉闸、断电及并排除所有安全隐患。

2. 严禁在仓库内乱接电源或临时搭线。

第5章 仓储环境管理

第17条 每日清扫

仓库管理员每日都要清扫库房地面，清除垃圾、杂物。

第18条 每周清扫

1. 仓库管理员每周需用扫把彻底清扫一次地面和地台板，尤其要注意清理地台板下的杂物。

2. 每周清除一次产品包装上的灰尘。

3. 每周清扫一次库房管道，清除墙角和天花板上的蜘蛛网。

第19条 每月清扫

1. 仓库管理员应每月擦洗一次仓库的门窗及周边管道，并对天花板进行清扫。

2. 仓库管理员应每月清洗一次仓库四周的水渍，以防积水。

3. 每月应清除一次灯罩上的灰尘。

第20条 工具摆放管理

仓库应设有专门的地方来摆放小拖车和清洁工具。

第21条 卫生检查

仓储主管和仓库管理员定期对仓库清洁工作进行检查。

第6章 附则

第22条 本制度由仓储部制定，其修改权、解释权归仓储部所有。

第23条 本制度经总经理审批通过后，自颁布之日起执行。

2. 仓储业务管理工具设计

（1）入库单（如表1-7-6所示）

表1-7-6   入库单

编号：   入库日期：_____年___月___日

编号	货物名称	型号	数量			单价	金额	付款方式		备注
			进货量	实点量	量差			转账	现付	

审核人：   进货人：   仓库管理员：

（2）验收单（如表1-7-7所示）

表1-7-7　　　　　　　　　　　　　　　　**验收单**

供货单位：　　　　　　　　　　　　　　　　　　　　验收日期：_____年____月____日

货物类别		货物数量		货物金额	
承运单位		供货商		起运地点	
检验情况记录					
验收量	单价	总价	合格量	合格率	出厂合格证明
检验员		日期		进账	
备注					

（3）盘点单（如表1-7-8所示）

表1-7-8　　　　　　　　　　　　　　　　**盘点单**

盘点范围：　　　　　　　　　　　　　　　　　　　　盘点日期：_____年____月____日

责任人签字	盘点项目			数量					
	品种	入库	出库	账面数量	实际盘点数	差量	批次	票号	出库率
备注									

（4）库存表（如表1－7－9所示）

表1－7－9　　　　　　　　　　　**库存表**

编号：　　　　　　　　　　　　　　　　　　　　　报告月份：＿＿＿＿年＿＿＿月

品名	规格	单位	上月结存			本月收入			本月发出			本月结存		
			数量	单价	金额	数量	单价	金额	数量	单价	金额	数量	单价	金额

（5）出库单（如表1－7－10所示）

表1－7－10　　　　　　　　　　　**出库单**

客户名称				发货日期			
发货仓库				提货单号			
仓库地址							
品名	货号	单位	单价	数量	金额	包装	备注

仓储主管：　　　　　　　　　　仓库管理员：　　　　　　　　　提货人：

（6）退货单（如表 1 – 7 – 11 所示）

表 1 – 7 – 11　　　　　　　　　　　　　**退货单**

编号：　　　　　　　　　　　　　　　　填写日期：＿＿＿＿年＿＿＿月＿＿＿日

序号	货物编号	品名	单位	退仓数量	实收数量	备注

制表：　　　　　　　　　　　　　　　　　　　　　　审核：

任务三　POS 系统应用与操作

任务目标

◇了解 POS 系统的概念、特征和结构

◇掌握 POS 机的操作

任务示例

背景材料：很多企业为了经营发展的需要，购买并使用 POS 机。

任务描述：由于业务的发展中，某超市需要增加收银员，提高顾客结账速度。该超市请学生做收银员，提高结账效率。

任务分析

了解 POS 系统的概念、特征和结构；掌握 POS 机的操作。

任务处理 ◆▶

1. POS 系统前台销售

（1）登录收银界面，如图 1-7-2 所示：

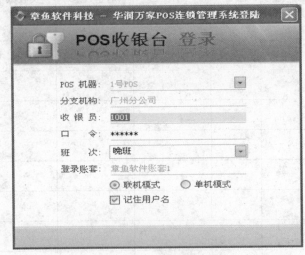

图 1-7-2　收银员登录界面

（2）扫描商品条码：进入销售界面后，光标会自动出现在左下角的"输入"［Enter］区域内，此时，用"条码扫描枪"对准商品条码处扫描，显示器上将显示该商品的有关信息，如图 1-7-3 所示。重复以上操作，直至完成此笔交易中的所有商品。

序号	商品编码	商品名称	单位	数量	单价	金额	说明	折扣
1	020238	10个原野花梦	盒	1	3.50	3.50		1.00
2	0400906	也酥脆比萨卷	支	1	2.30	2.30		1.00
3	020237	1*10富达餐巾	支	1	3.50	3.50		1.00

2005-11-17 11:49:33 机号: 01 店号: 01 收银员: 0911 郑慧群 网络状态: penny
工作状态: 销售　取价方式: 前台　出货仓: 1 卖场　使用时间: 00:01:16
销售单号: 01010511170001

商品: 1*10富达餐巾　　　数量: 1
单价: 3.50　　　金额: 3.50
总金额: 9.30　　　付款: 0.00
折扣: 1.00　挂单数量: 0　总件数量: 3
会员卡积分: 0　　　找零: 0.00
状态: 正常　数量: 1
输入[Enter]:　　　会员卡:

图 1-7-3　扫描商品条码

（3）按结账，出现结账提示框，如图1-7-4所示。在"人民币"输入框输入顾客付款额，按［Enter］接收，出现找零。确认输入的金额没错，再按［Enter］，钱箱会自动打开。若出现找零金额不为零，则按照找零框中显示的金额退给顾客。关闭钱箱，这笔交易完成，进入下一笔交易。

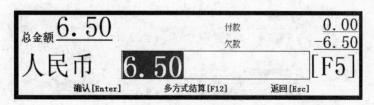

图1-7-4　现金结算

2. 后台 MIS 系统

登录后台管理信息系统进入主页面，该后台系统的主要功能包括：采购管理、销售管理、库存管理、资金管理、收银台管理、报表中心、经营分析、图形分析和基础资料，如图1-7-5所示。以下我们将选取其中的某些功能进行操作。

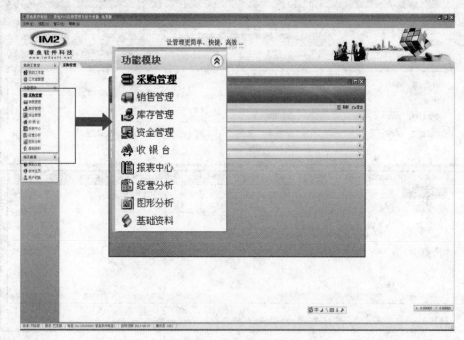

图1-7-5　登录后台系统

（1）采购管理

采购管理主要是基础数据管理、采购业务、货品采购报表等。采购管理部分功能如图1-7-6所示，采购订单填写如图1-7-7所示：

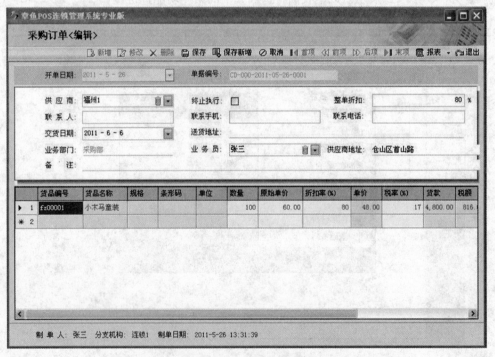

图 1 - 7 - 6　采购管理部分功能

图 1 - 7 - 7　采购订单填写

（2）收银台管理

主要包含基础数据管理、会员相关管理、收银台业务和收银台报表等，界面如图 1 - 7 - 8 所示，其数据来源是前台 POS 销售数据。

收银台

数据字典
■ 货品资料　　　　　　　　　■ 客户资料　　　　　　　　　■ 零售店资料

会员相关
■ 商品促销　　　　　　　　　■ 会员卡充值　　　　　　　　■ 会员卡积分

收银台业务
■ POS销售单　　　　　　　　■ POS收银员入款单　　　　　■ POS收银员出款单

收银台报表
■ POS收银员收银汇总表　　　■ POS收银员收银明细表　　　■ POS货品销售汇总表
■ POS收银员交款明细表　　　■ POS营业员业绩汇总表　　　■ POS营业员业绩明细表

图 1 - 7 - 8　收银台管理

（3）库存管理

库存管理包含基础数据、库存业务、账面库存报表、实际库存报表等，如图 1 - 7 - 9 所示：

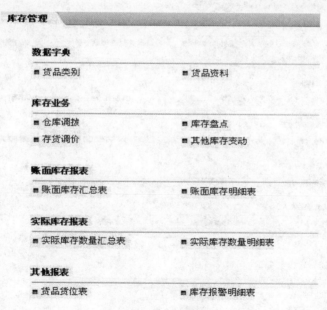

库存管理

数据字典
■ 货品类别　　　　　　　　　■ 货品资料

库存业务
■ 仓库调拨　　　　　　　　　■ 库存盘点
■ 存货调价　　　　　　　　　■ 其他库存变动

账面库存报表
■ 账面库存汇总表　　　　　　■ 账面库存明细表

实际库存报表
■ 实际库存数量汇总表　　　　■ 实际库存数量明细表

其他报表
■ 货品货位表　　　　　　　　■ 库存报警明细表

图 1 - 7 - 9　库存管理

（4）经营分析

经营分析主要是采购分析和销售分析，如图 1 - 7 - 10 所示：

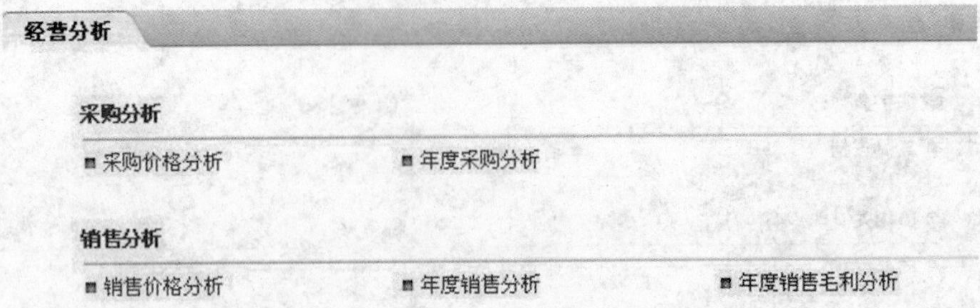

图 1 - 7 - 10 经营分析

(5) 报表中心

报表中心汇总了企业运营的所有报表，可以进行报表分析与查询，如图 1 - 7 - 11
所示：

图 1 - 7 - 11 报表中心

知识拓展

1. 系统安全运营管理制度

为满足物流信息系统的安全运营需要，确保数据的完整性和安全性，企业应制定
物流系统安全运营管理制度。下面是某企业的系统安全运营管理制度，供读者参考。

系统安全运营管理制度

第1章 总则

第1条 为了保护物流信息系统的安全，确保系统及相关数据信息的完整性及安全性，规范信息系统管理，合理利用系统资源，有效提高物流运营的效率，结合公司实际情况，特制定本制度。

第2条 本制度适用于物流信息系统的运营与管理工作。

第3条 物流信息系统的构成如下。

1. 硬件系统：主要包括计算机、必要的通信设施和安全设施等。例如计算机主机、外存、打印机、服务器、通信电缆和通信设施。

2. 软件系统：主要包括操作系统、通信协议和业务处理系统等。

3. 信息资源：主要包括物流信息、相关数据和知识、模型等。

4. 人员：主要包括专业人员、终端使用人员等。

第2章 硬件系统安全管理

第4条 公司需确立专职工作人员负责物流信息系统所用计算机的硬件维护及管理工作。

第5条 公司计算机硬件均需贴上封条，任何人不得私自撕毁封条更换流信息系统所用计算机的硬件。

第6条 物流信息系统终端计算机设备的日常维护工作由各部门负责。计算机设备发生故障或异常情况时，由公司电脑专员统一进行处理，任何人不得私自维修。

第7条 公司计算机的使用人员按照作息时间准时开关机，及时处理和更新有关物流信息，禁止用公司计算机做与工作无关的事情。

第8条 公司计算机使用人员应保持计算机硬件的清洁，下班之前应退出所有程序关闭计算机，并切断电源后方可离开。

第9条 为避免和预防出现硬盘故障及其他应用软件故障，各计算机负责人必须至少每15天对硬盘进行一次查错，至少每30天对硬盘进行一次重组。

第3章 软件系统安全管理

第10条 整个物流信息系统的网络安全工作由物流信息管理部负责，其管理人员每周对系统网络进行一次检测，发现网络安全隐患应及时清除。

第11条 各部门在运行过程中发现系统故障时，应统一上报物流信息管理部处理，任何人不得私自采取措施。

第 12 条 物流信息系统的使用人员每天对杀毒软件进行升级，发生病毒感染时应及时切断网络并通知物流信息管理部。

第 13 条 物流信息系统的使用人员操作终端计算机时不得使用一些危险性的命令，严禁使用分区及格式化硬盘等操作。

第 14 条 物流信息系统终端计算机使用人员不得随意在各终端及局域网上安装任何与工作无关的软件程序。

第 4 章　信息资源安全管理

第 15 条 物流信息管理专员每天对信息系统的数据进行检测与更新，保证整个信息系统中信息资源的全面性与时效性。

第 16 条 物流信息系统使用人员每天使用自己的登录密码进入系统，任何人不得将自己的密码告知他人。

第 17 条 物流信息管理专员对进入系统的用户进行身份审核，定义操作权限，并监督用户的各项操作。

第 18 条 为防止资料及数据丢失，物流信息实行双备份制度，即物流信息除在电脑中储存外，还应拷贝到软盘或光盘上，以防因病毒破坏或意外而遗失。

第 19 条 打印物流信息系统资料时，必须经所在部门主管同意后由物流信息管理部统一打印。

第 5 章　附则

第 20 条 本制度由物流信息管理部负责制定和解释。

第 21 条 本制度自颁布之日起生效实施。

2. 物流信息管理工具设计

（1）系统故障记录表（如表 1 – 7 – 12 所示）

表 1 – 7 – 12　　　　　　　　　　系统故障记录

编号：　　　　　制表人：　　　　　　　　制表日期：＿＿＿＿年＿＿月＿＿日

发生部门		故障系统名称	
发生时间		处理时间	
故障发生时工作环境			

处理措施	
处理结果	
善后措施	
原因分析	
处理人员	

（2）系统维护记录表（如表 1 – 7 – 13 所示）

表 1 – 7 – 13 系统维护记录

编号： 制表人： 制表日期：_____年___月___日

需求部门		责任人		员工编号	
设备名称		设备编号		维护时间	
出现情况					
维护内容					
备注					
部门主管			执行人		

（3）系统运行效果分析表（如表 1 – 7 – 14 所示）

表 1 – 7 – 14 系统运行效果分析

编号： 制表人： 制表日期：_____年___月___日

分析内容	本企业状况	
	是	否
1. 库存量是否适当		
2. 是否充分利用了系统信息，使营销、物流形成一系列连贯活动，从而提高了作业效率		
3. 是否缩短了从接受订单到发货的时间		

分析内容	本企业状况	
	是	否
4. 是否提高了运输效率		
5. 是否提高了装卸作业效率		
6. 是否达到了省力的效果		
7. 是否提高了工作的精确性		
8. 是否提高了作业的准确性		
9. 是否有力地支援了销售活动		
10. 是否降低了物流的总成本		
本企业物流信息系统的优点		
本企业物流信息系统的不足		
改进计划		

项目八　物流电子商务

知识目标 ✛▶

◇掌握电子商务的概念

◇掌握电子商务与物流的关系

◇熟悉电子商务物流模式

能力目标 ✛▶

◇具有能够通过网络进行简单交易的能力

◇具有通过当地企业的调查能分析出该企业所采用的物流模式的能力

任务一　物流电子商务认知

任务目标 ✛▶

◇掌握电子商务与传统商务的不同

◇掌握电子商务与物流的关系

◇了解物流企业目前电子商务的应用现状

任务示例 ✛▶

背景材料：世界首富比尔·盖茨曾经说过：21世纪掌握信息不如掌握趋势，掌握趋势不如掌握全球最大的趋势，而21世纪要么电子商务，要么无商可务。

任务描述：本任务要求学生登录中海集团物流有限公司（http：//www. csl. cn）、中国远洋物流有限公司（http：//www. cosco – logistics. com）、中铁物流集团（http：//

www. ztky. com)、中国物资储运总公司（http：//www. cmst. com. cn）、UPS 中国（http：//www. ups. com. cn）、淘宝物流宝（http：//e56. taobao. com）和锦城物流网（http：//www. jctrans. com），浏览每个网站的网页，将首页添加到收藏夹中，对比分析每家物流公司网站，并填写表1－8－1。

表1－8－1　　　　　　　　　　物流商务网站对比分析表

序号	公司名称	网址	主营业务	网站主要功能	在线业务

任务分析

本任务的主要目的是帮助学生了解物流企业电子商务的应用现状。登录的网站都是目前比较有代表性的物流企业。登录之前，需要先运行 Microsoft Office Word 程序，编制实训报告。每登录一个网站，首先将首页添加到收藏夹中，然后将首页截图，插入到实训报告中。为了提高效率，可以把对比分析的内容用表格的形式来呈现，如表1－8－1。每浏览一个网页，就填写相关内容，最后重点从网站具备哪些功能和能开展在线业务的程度方面进行对比，给出一个总体结论。

任务处理

1. 运行 Microsoft Office Word 程序，编制实训报告。实训报告的基本内容包括实训目的、实训条件、实训过程与结果等。

2. 登录中海集团物流有限公司（http：//www. csl. cn）首页，如图1－8－1所示。在首页中，点击菜单"收藏"，选择"添加到收藏夹"，将该网页添加到收藏夹。然后屏幕截图，将首页插入到实训报告中。接下来再浏览首页，该网页分两个区域，中间区域为网站提供的主要信息。逐一点击并浏览"企业概况"、"公司新闻"、"行业经验"、"服务网络"、"信息系统"、"解决方案"、"物流信息"等网页。点击首页下面的三个图标——"网上订舱"、"货物跟踪"、"仓储配送"和右上角的"内部OA"，需要登录名和密码方能进入，说明这四个为在线业务。浏览过程中注意将所需对比信息填入实训报告的表中。

图1-8-1 中海集团物流有限公司首页

3. 方法同2，分别登录中国远洋物流有限公司（http：//www.cosco-logistics.com）、中铁物流集团（http：//www.ztky.com）、中国物资储运总公司（http：//www.cmst.com.cn）、UPS中国（http：//www.ups.com.cn）、淘宝物流宝（http：//e56.taobao.com）和锦城物流网（http：//www.jctrans.com）等网站，将首页添加到收藏夹中，然后屏幕截图，将首页插入到实训报告中，接下来再浏览各页面，将相关信息填入到实训报告的表中。对比分析每家物流公司网站。

4. 完成实训报告，将报告发送到老师指定的邮箱中。

任务二 物流电子商务应用

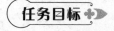

◇利用网络平台开展在线业务

任务示例

背景材料：锦程物流网是目前国内知名的物流 B2B 电子商务网站。

任务描述：利用锦程物流网提供的平台宣传物流公司基本情况与业务优势，查询业务信息并开展在线业务。

任务分析

作为一家物流公司除了能在网站上查询物流信息外，还可以免费在该平台注册成为会员，利用其提供的交易平台查询及时货盘信息，发布公司信息，开展在线交易。登录该网站首页后，首先需要进行会员注册，然后可以进入交易平台提供的物流公司后台管理平台——"企业办公室"发布信息、查询信息和开展业务等。

任务处理

（1）登录锦程物流网，免费注册会员，以选择"企业会员注册"为例，填写注册信息，如图 1 – 8 – 2 ~ 图 1 – 8 – 5 所示：

图 1 – 8 – 2　锦程物流网注册会员首页

图 1-8-3 填写注册信息

图 1-8-4 验证邮箱

图 1-8-5　注册成功

（2）注册成功后，用自己的用户名和密码再登录，登录成功后，进入"企业办公室"，可以进一步充实信息，如图 1-8-6 所示：

图 1-8-6　企业办公室页面

（3）进入"我的优势"发布优势，进行"设置我的优势"操作，如图 1-8-7 所示：

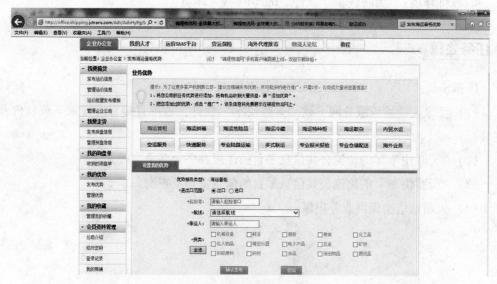

图 1 – 8 – 7　设置我的优势页面

任务三　物流公共信息平台实训

任务目标

◇掌握"天骄快车"的安装

◇掌握"天骄快车"的物流公共信息平台的注册、信息查询、信息发布、诚信担保及相关业务操作

◇提交"天骄快车"货物信息发布流程图和"天骄诚信担保"的流程图

任务分析

该任务主要让学生掌握物流公共信息平台的应用环境，安装和操作，结合"天骄快车"软件进行相应的物流业务操作（如车找货，货找车以及其他业务）。

任务准备

1. 将全班学员分成几组，每组 3～4 人。

2. 小组在进行任务之前，查阅或学习相关的理论知识点。

3. 实训设备：服务器、交换机和 PC 机组成的 NT 网络。

4. 软件环境："天骄快车"软件、Internet 接入环境。

任务处理

操作步骤：

（1）登录天骄物流服务网下载"天骄快车"软件，也可直接百度搜索下载软件及安装。

（2）"天骄快车"的物流公共信息平台的注册及平台登录。

（3）"天骄快车"的物流公共信息平台的信息发布及查询。

（4）天骄诚信担保网业务担保。

第二部分
综合实训项目

综合实训一 仓储管理系统的使用

仓储管理就是对仓库及仓库内的物资所进行的管理，是仓储机构为了充分利用所具有的仓储资源提供高效的仓储服务所进行的计划、组织、控制和协调过程。具体来说，仓储管理包括仓储资源的获得、仓储商务管理、仓储流程管理、仓储作业管理、保管管理、安全管理多种管理工作及相关的操作。

仓储管理是一门经济管理科学，同时也涉及应用技术科学，故属于边缘性学科。仓储管理的内涵是随着其在社会经济领域中的作用不断扩大而变化。仓储管理，即库管，是指对仓库及其库存物品的管理，仓储系统是企业物流系统中不可缺少的子系统。物流系统的整体目标是以最低成本提供令客户满意的服务，而仓储系统在其中发挥着重要作用。仓储活动能够促进企业提高客户服务水平，增强企业的竞争能力。现代仓储管理已从静态管理向动态管理发生了根本性的变化，对仓储管理的基础工作也提出了更高的要求。

产品在仓储中的组合、妥善配载和流通包装、成组等活动就是为了提高装卸效率，充分利用仓储工具，从而降低仓储成本的支出。合理和准确的仓储活动会减少商品的换装、流动，减少作业次数，采取机械化和自动化的仓储作业，都有利于降低仓储作业成本。优良的仓储管理，能对商品实施有效的保管和养护，并进行准确的数量控制，从而大大减少仓储的风险。

《仓储管理软件》模拟现代物流企业在仓储业务中的入库、出库及库存盘点等操作，最终使仓储环节的成本最小化、利益最大化、响应时间最短化、资金周转快速化。本软件以实验的方式体现仓储管理的实践过程。通过实验，可以使学生熟悉仓储的具体操作流程，增强感性认识，并可从中进一步了解、巩固与深化所学的仓储管理理论知识，提高发现问题、分析问题和解决问题的能力。软件登录界面及功能如图 2-1-1 所示。

实验操作配套软件为《仓储管理软件》。《仓储管理软件》在很大程度上解决了学生实验难的问题。学生可以通过各个单元实验和系统综合实验掌握仓储管理的具体流程；迅速掌握仓储管理的流程和细节；熟悉仓储的运作模式；切身体会到仓储各个环

图 2-1-1　仓储管理软件登录界面

节中不同当事人面临的具体工作以及他们之间的互动和制约关系；深刻体会仓储管理控制成本以达到利润最大化的思想。通过实验操作，可以帮助学生为参与未来仓储管理领域复杂、庞大、越发激烈的竞争打下扎实基础。

开始仓储管理实验之前，需要从宏观上把握仓储管理的整体流程，下面是依据软件实际制作的仓储管理流程，如图 2-1-2 所示：

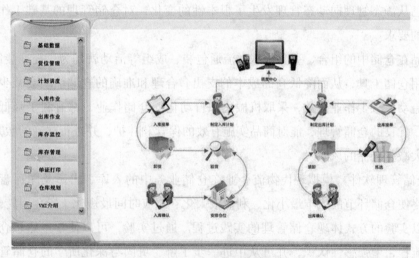

图 2-1-2　仓储管理流程

实验安排

《仓储管理软件》严格按照仓储管理设计思想，模拟仓储管理中各个环节的相互关系。实验方式可分为两种：单人综合模拟实验和单元实验。单人综合模拟实验是指把仓储当做一个实验的整体，一个学生轮换扮演仓储上的各个角色，站在不同的角度思考问题和管理仓储的运作，学生可以从整体上把握仓储管理的精髓。单元实验则是细化了的综合模拟实验，学生通过多次重复地做某个单元实验，熟练掌握仓储上的某些环节的操作。

教学中，建议先采用单元实验的模式，待学生熟练掌握仓储各环节间的具体运作后，再安排学生进行综合实验，让学生从整体上把握仓储各环节间的相互关系。

实验开设课时安排可参考实验大纲，如表 2 - 1 - 1 所示：

表 2 - 1 - 1　　　　　　　　　实验大纲

序号	实验名称	实验类型	实验简介	实验流程	学时
1	入库单元实验	单元实验	模拟入库流程操作	入库计划→入库接单→卸货→验货→安排仓位→入库确认	2
2	出库单元实验	单元实验	模拟出库流程操作	出库计划→出库接单→出库拣选→出库装卸→出库确认	2
3	仓储综合实验	综合实验	模拟整个仓储业务操作	模拟整个仓储业务操作，包括：入库、出库、库存盘点等操作	4

以下按照单元实验的模式介绍仓储各角色中各环节的具体操作，实验开设的前提是教师已经在教师平台开启实验实例。

单元实验

本系统按照仓储系统模块间的关系，设计了两种单元实验：入库单元实验和出库单项单元实验。学生可使用准备好的数据直接开始单元实验，也可以根据自己的兴趣爱好自行设置实验数据，完成单元实验。

由于系统在教师平台的实例化特征，学生进入单元实验平台时，就能看到相应的单元实验，单元实验中的数据与其他实验无任何联系，因此，在实验过程中，无须考虑当前实验对其他实验的影响。

一、入库单元实验

（一）实验前提

老师在后台为当前登录用户初始化了入库单元实验

（二）实验学时

2 学时

（三）实验类型

单元实验

（四）实验要求

必修

（五）实验内容

入库计划→入库接单→卸货→验货→安排仓位→入库确认

（六）实验目的

了解并掌握仓储入库实验业务操作

（七）系统初始数据

入库操作界面如图 2 - 1 - 3 所示：

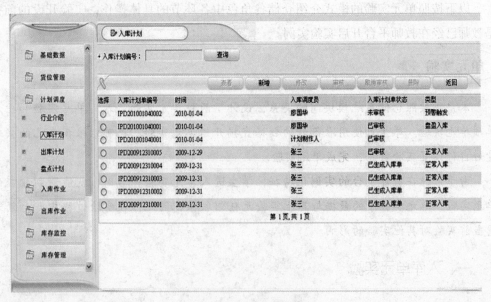

图 2 - 1 - 3　入库操作界面

1. 物料信息（如表 2 – 1 – 2 所示）

表 2 – 1 – 2　　　　　　　　　　　　物料信息

物料名称	物料编号	物料规格
水　果	PVC100010006	ISO9001
笔记本	PVC100010005	ISO9001
洗衣机	PVC100010004	ISO9001
电风扇	PVC100010003	ISO9001
光碟包	PVC100010002	ISO9001
螺丝钉	PVC100010001	ISO9001

2. 单位信息（如表 2 – 1 – 3 所示）

表 2 – 1 – 3　　　　　　　　　　　　单位信息

单位名称	单位编号
大袋	UID0067
大包	UID0066
大箱	UID0065
部	UID0063
盒	UID0059
小袋	UID0057
罐	UID0052
升	UID0049
吨	UID0043
千克	UID0037
立方米	UID0035
平方米	UID0034
米	UID0032
颗	UID0030
幅	UID0026
卷	UID0020
块	UID0019
包	UID008
台	UID005
辆	UID004
桶	UID003
小箱	UID002
个	UID001

3. 仓库信息（如表2-1-4所示）

表2-1-4 仓库信息

仓库名称	仓库编号	仓库类型
RFID 仓库	N85	RFID 仓
电子仓库	01	电子仓
滞料库	N83	平仓
成品仓库	N82	平仓
原材料仓库	N81	平仓

4. 区域信息（如表2-1-5所示）

表2-1-5 区域信息

仓库区域名称	仓库区域编号	所属仓库	所属仓库编号
RFID 仓库 A2 区	N85A2	RFID 仓库	N85
RFID 仓库 A1 区	N85A1	RFID 仓库	N85
电子仓库 A1 区	N84A1	电子仓库	01
滞料库 A2 区	N83A2	滞料库	N83
滞料库 A1 区	N83A1	滞料库	N83
成品 A1 区	N82A1	成品仓库	N82
成品 A2 区	N82A2	成品仓库	N82
原材料 A2 区	N81A2	原材料仓库	N81
原材料 A1 区	N81A1	原材料仓库	N81

5. 仓位信息（部分）（如表2-1-6所示）

表2-1-6 仓位信息（部分）

仓位编号	区域名称	区域编号	所属仓库	仓库编号
N85A2L08	RFID 仓库 A2 区	N85A2	RFID 仓库	N85
N85A2L07	RFID 仓库 A2 区	N85A2	RFID 仓库	N85
N85A2L06	RFID 仓库 A2 区	N85A2	RFID 仓库	N85
N85A2L05	RFID 仓库 A2 区	N85A2	RFID 仓库	N85
N84A1L12	电子仓库 A1 区	N84A1	电子仓库	01
N84A1L11	电子仓库 A1 区	N84A1	电子仓库	01

仓位编号	区域名称	区域编号	所属仓库	仓库编号
N84A1L10	电子仓库 A1 区	N84A1	电子仓库	01
N82A1L08	成品 A1 区	N82A1	成品仓库	N82
N82A1L07	成品 A1 区	N82A1	成品仓库	N82
N82A1L06	成品 A1 区	N82A1	成品仓库	N82
N82A1L05	成品 A1 区	N82A1	成品仓库	N82
N83A1L04	滞料库 A1 区	N83A1	滞料库	N83
N83A1L03	滞料库 A1 区	N83A1	滞料库	N83
N83A1L02	滞料库 A1 区	N83A1	滞料库	N83
N83A1L01	滞料库 A1 区	N83A1	滞料库	N83
N81A1L03	原材料 A1 区	N81A1	原材料仓库	N81
N81A1L02	原材料 A1 区	N81A1	原材料仓库	N81
N81A1L01	原材料 A1 区	N81A1	原材料仓库	N81

（八）实验题目

有一批物品，物货名称为翰皇精品办公杯，货号 HH - 1052，共计 100 箱，总重量 300 千克，总体积 20 立方米。放入仓库：成品仓库 N82。仓库区域：成品 A1 区。仓位：N82A1L08 50 箱，N82A1L07 50 箱。同时规定，该物品安全库存为 10 箱，最高库存为 200 箱，最低库存为 10 箱。

（九）实验准备

1. 物料信息（如表 2 - 1 - 7 所示）

表 2 - 1 - 7　　　　　　　　　　　物料信息

物料编号	系统自动生成	物料名称	翰皇精品办公杯
物料类型	成品	物料规格	HH - 1052
物料行业	制造行业		

2. 物料单位明细（如表 2 - 1 - 8 所示）

表 2 - 1 - 8　　　　　　　　　　　物料单位明细

选择	重量	重量单位	体积	体积单位	安全库存	最高库存	最低库存	系数	物料单价
○	3	大箱	0.2	立方米	10	200	10	1	600

查看题目中所提及的仓库、区域、仓位是否存在，若存在，可直接使用，不存在，需要进行新增仓库、区域、仓位等操作。

（十）实验操作

1. 设置物料信息

第一步：点击【基础数据/物料信息】进入物料信息列表页面。

第二步：点击【新增】按钮进入新增页面。

第三步：根据实验题目提供的物料信息，录入物料。

（1）物料信息（如表 2 - 1 - 9 所示）

表 2 - 1 - 9　　　　　　　　　物料信息

物料编号	系统自动生成	物料名称	翰皇精品办公杯
物料类型	成品	物料规格	HH - 1052
物料行业	制造行业		

（2）物料单位明细（如表 2 - 1 - 10 所示）

表 2 - 1 - 10　　　　　　　　　物料单位明细

选择	重量	重量单位	体积	体积单位	安全库存	最高库存	最低库存	系数	物料单价
○	3	大箱	0.2	立方米	10	200	10	1	600

第四步：保存录入的物料信息。保存后结果如表 2 - 1 - 11 所示：

表 2 - 1 - 11　　　　　　　　　保存录入的物料信息

选择	物料名称	物料编号	物料规格
○	翰皇精品办公杯	系统自动生成	HH - 1052

2. 查看实验题目中提示的仓位是否存在，若无，根据下面新增进行增加，若有，可直接使用

（1）新增仓库

第一步：点击【基础数据/仓库信息】进入仓库列表页面。

第二步：新增仓库信息。点击【新增】进入仓库新增信息完善页面。

第三步：填写新增仓库信息。仓库类型一般分为三种：平仓、电子仓虚拟仓和 RFID 仓虚拟仓。系统在仓库类型中设置了八种仓库，除电子仓虚拟仓、RFID 仓虚拟仓新增保存后分别显示为电子仓和 RFID 仓，其余的都显示为平仓，用户需根据实际需

求进行新增仓库。

第四步：保存新增信息。保存后，以平仓为例，结果大致如表 2 – 1 – 12 所示：

表 2 – 1 – 12　　　　　　　　　　　　保存新增平仓信息

选择	仓库名称	仓库编号	仓库类型
○	成品仓库	N82	平仓

（2）新增仓库区域

第一步：点击【基础数据/区域信息】进入仓库列表页面。

第二步：新增区域信息。点击【新增】进入区域新增信息完善页面。

第三步：增写仓库区域信息。根据实验题目中仓位信息的提炼，可知仓库为 N82，区域为 A1，所以需在 N82 仓库中划分出一区域 A1。

第四步：保存新增的区域信息。保存后信息大致如表 2 – 1 – 13 所示：

表 2 – 1 – 13　　　　　　　　　　　　保存新增区域信息

仓库区域名称	仓库区域编号	所属仓库	所属仓库编号
成品 A1 区	N82A1	成品仓库	N82

（3）新增仓位信息

第一步：点击【基础数据/仓位信息】进入仓库列表页面。

第二步：新增仓位信息。点击【新增】进入仓位新增信息完善页面。

第三步：增写仓位信息。根据实验题目中存放物品的仓位可知，需要的仓位为 N82A1L08、N82A1L07，可根据需求增加如表 2 – 1 – 14 所示的一系列仓位。

表 2 – 1 – 14　　　　　　　　　　　　增加仓位信息

仓位编号	区域名称	区域编号	所属仓库	仓库编号
N82A1L08	成品 A1 区	N82A1	成品仓库	N82
N82A1L07	成品 A1 区	N82A1	成品仓库	N82
N82A1L06	成品 A1 区	N82A1	成品仓库	N82
N82A1L05	成品 A1 区	N82A1	成品仓库	N82
N82A1L04	成品 A1 区	N82A1	成品仓库	N82
N82A1L03	成品 A1 区	N82A1	成品仓库	N82
N82A1L02	成品 A1 区	N82A1	成品仓库	N82
N82A1L01	成品 A1 区	N82A1	成品仓库	N82

第四步：保存仓位信息。

3. 入库计划

第一步：点击【计划调度/入库计划】进入到入库计划列表页面。

第二步：新增入库计划单。点击【新增】按钮，进入到新增页面。

第三步：完善入库计划单表头信息（如表 2 - 1 - 15 所示）。

表 2 - 1 - 15　　　　　　　　入库计划单表头信息

入库计划编号	自动编号
入库计划时间	2009 - 10 - 15
计划制作人员	周海明

第四步：选择物料及单位后，点击【确定】按钮。

第五步：输入计划入库的数量，如表 2 - 1 - 16 所示。

第六步：点击【保存】按钮进行保存。

表 2 - 1 - 16　　　　　　　　物料明细

选择	物料编号	物料名称	物料规格	物料类型	物料单位	入库数量
○	PVC200910140001	翰皇精品办公杯	HH - 1052	成品	大箱	100

第七步：选择新增入库计划单，点击【审核】按钮进行审核操作。

4. 入库接单

第一步：点击【入库作业/入库接单】，进入到入库接单列表页面。

第二步：新增入库作业单。点击【新增】按钮，进入到入库计划单选择页面，即选择要进行入库操作的计划单。

第三步：选择需入库的计划单，点击【下一步】，进入到入库安排。

第四步：制定入库，安排入库时间和入库调度员。

（1）入库单信息（如表 2 - 1 - 17 所示）

表 2 - 1 - 17　　　　　　　　入库单信息

入库单编号	自动编号
入库计划编号	系统自动调用
入库时间	2009 - 10 - 15
入库调度员	李济宁
操作类型	○　RFID　　○　电子标签　　◉　人工　　○　IT600

（2）物料明细（如表 2 – 1 – 18 所示）

表 2 – 1 – 18　　　　　　　　　　　　　物料明细

物料编号	物料名称	物料规格	物料行业类型	物料单位	入库数量
PVC200910140001	翰皇精品办公杯	HH – 1052	成品	大箱	100

第五步：【保存】入库安排，返回入库接单列表页面，此时入库作业单的状态为"未审核"。

第六步：【审核】入库单。审核后结果及状态如表 2 – 1 – 19 所示：

表 2 – 1 – 19　　　　　　　　　　　　　入库单审核结果

选择	入库单号	入库时间	入库单状态	操作类型
○	系统自动调用	2009 – 10 – 15	已审核	手工

5. 卸货

第一步：点击【入库作业/卸货】进到卸货列表。

第二步：点击【新增】按钮，选择要卸货的入库单。

第三步：选择入库单，点击【下一步】，进行卸货安排。

（1）卸货单信息（如表 2 – 1 – 20 所示）

表 2 – 1 – 20　　　　　　　　　　　　　卸货单信息

卸货单编号	自动生成
入库单编号	IDD200910130004
入库时间	2009 – 10 – 15
操作类型	手工
卸货人员数量	3

（2）物料明细（如表 2 – 1 – 21 所示）

表 2 – 1 – 21　　　　　　　　　　　　　物料明细

物料编号	物料名称	物料规格	物料行业类型	物料单位	入库数量
PVC200910140001	翰皇精品办公杯	HH – 1052	制造行业	大箱	100

第四步：【保存】卸货安排。

第五步：卸货完毕，点击【审核】确认卸货，如表 2 – 1 – 22 所示。

表 2 – 1 – 22　　　　　　　　　　　　　　卸货审核结果

选择	卸货单编号	入库单编号	卸货状态	操作类型
○	GUD200910130006	IDD200910130004	装卸确认	手工

6. 验货

第一步：点击【入库作业/验货】进入验货单列表页面。

第二步：点击【新增】按钮，进入到需验货的入库单列表。

第三步：选择入库单，点击【下一步】，进入验货单验货结果记录页面。

（1）验货单信息（如表 2 – 1 – 23 所示）

表 2 – 1 – 23　　　　　　　　　　　　　　验货单信息

验货单编号	自动生成
入库单编号	IDD200910130004
验货人员	刘海青

（2）验货明细（如表 2 – 1 – 24 所示）

表 2 – 1 – 24　　　　　　　　　　　　　　验货明细

物料名称	物料单位	抽检数量	入库数量	包装检查结果	数量检查结果	质量检查结果	检查合格数
翰皇精品办公杯	大箱	100	100	包装完好	100	合格	100

第四步：点击【审核】按钮，进行验货确认，如表 2 – 1 – 25 所示。

表 2 – 1 – 25　　　　　　　　　　　　　　验货审核结果

选择	验货单编号	入库单编号	验货状态	操作类型
○	系统自动生成	系统自动调用	验货确认	手工

7. 安排仓位

第一步：点击【入库作业/安排仓位】进入入库单列表页面。

第二步：选择入库单，点击【安排仓位】，进入到摆货策略选择页面，如表 2 – 1 – 26 所示。

表 2 – 1 – 26　　　　　　　　　　　　　　摆货策略选择

摆货策略	○ 手动摆货	○ 现有货存	○ 固定仓位	○ 下一空仓位

第三步：选择物料后，再选择摆货策略，点击【安排仓位】，进入到仓位摆货，如表2-1-27、表2-1-28所示。

表2-1-27　　　　　　　　　　　　仓位摆货信息

选择	物料名称	物料规格	物料类型	入库数量
⊙	翰皇精品办公杯	HH-1052	成品	100大箱

表2-1-28　　　　　　　　　　　　选择摆货策略

摆货策略：	⊙ 手动摆货	○ 现有货存	○ 固定仓位	○ 下一空仓位

第四步：选择仓位输入摆货数量，如表2-1-29所示。

表2-1-29　　　　　　　　　　　　摆货详情

货物信息	翰皇精品办公杯100大箱		
已摆货数量	0大箱		
未摆货数量	100大箱		
仓库类型	平仓		
仓位编号	货存量	摆货数量	
N82A1L01	0		
N82A1L02	0		
N82A1L03	0		
N82A1L04	0		
N82A1L05	0		
N82A1L06	0		
N82A1L07	0	50	
N82A1L08	0	50	

第五步：摆货完毕，点击【摆货确认】，保存摆货信息。

8. 入库确认

第一步：点击【入库作业/入库确认】按钮，进入到入库单列表。

第二步：入库确认。点击【确认】按钮，完成入库确认，入库单状态由"已上架"更新为"入库完成"，如表2-1-30所示：

表2-1-30　　　　　　　　　　　　入库确认结果

选择	入库单号	入库时间	入库单状态	操作类型
○	IDD200910130004	2009-10-15	入库完成	手工

（十一）实验结果

选择【库存监控/入库历史查询】，点击【确认】进入表 2 - 1 - 31、表 2 - 1 - 32、表 2 - 1 - 33 所示信息页面：

表 2 - 1 - 31　　　　　　　　　入库单信息

入库单编号	IDD200910130004
入库计划编号	IPD200910130005
入库时间	2009 - 10 - 15
入库调度员	李济宁

表 2 - 1 - 32　　　　　　　　　入库物料明细

物料编号	物料名称	物料规格	物料类型	物料单位	入库数量
PVC200910140001	翰皇精品办公杯	HH - 1052	成品	大箱	100

表 2 - 1 - 33　　　　　　　　　库存查询

仓位编号	区域编号	仓库编号	仓库类型	物料编号	物料名称	系数	库存数量
N82A1L08	N82A1	N82	平仓	PVC200910140001	翰皇精品办公杯	1	50 大箱
N82A1L07	N82A1	N82	平仓	PVC200910140001	翰皇精品办公杯	1	50 大箱

二、出库单元实验

（一）实验前提

老师在后台为当前登录用户初始化了出库单元实验

（二）实验学时

2 学时

（三）实验类型

单元实验

（四）实验要求

必修

（五）实验内容

出库计划→出库接单→出库拣选→出库装卸→出库确认

（六）实验目的

了解并掌握仓储出库实验业务操作

（七）系统初始数据

出库操作界面如图 2 - 1 - 4 所示：

图 2 - 1 - 4 出库操作界面

1. 物料信息（如表 2 - 1 - 34 所示）

表 2 - 1 - 34 物料信息

物料名称	物料编号	物料规格
水果	PVC100010006	ISO9001
笔记本	PVC100010005	ISO9001
洗衣机	PVC100010004	ISO9001
电风扇	PVC100010003	ISO9001
光碟包	PVC100010002	ISO9001
螺丝钉	PVC100010001	ISO9001

2. 单位信息（如表 2 - 1 - 35 所示）

表 2 - 1 - 35 单位信息

单位名称	单位编号
大袋	UID0067
大包	UID0066
大箱	UID0065
部	UID0063
盒	UID0059
小袋	UID0057
罐	UID0052
升	UID0049
吨	UID0043
千克	UID0037
立方米	UID0035
平方米	UID0034
米	UID0032
颗	UID0030
幅	UID0026
卷	UID0020
块	UID0019
包	UID008
台	UID005
辆	UID004
桶	UID003
小箱	UID002
个	UID001

3. 仓库信息（如表 2 - 1 - 36 所示）

表 2 - 1 - 36 仓库信息

仓库名称	仓库编号	仓库类型
RFID 仓库	N85	RFID 仓
电子仓库	01	电子仓
滞料库	N83	平仓
成品仓库	N82	平仓
原材料仓库	N81	平仓

4. 区域信息（如表 2 – 1 – 37 所示）

表 2 – 1 – 37　　　　　　　　　　　区域信息

仓库区域名称	仓库区域编号	所属仓库	所属仓库编号
RFID 仓库 A2 区	N85A2	RFID 仓库	N85
RFID 仓库 A1 区	N85A1	RFID 仓库	N85
电子仓库 A1 区	N84A1	电子仓库	01
滞料库 A2 区	N83A2	滞料库	N83
滞料库 A1 区	N83A1	滞料库	N83
成品 A1 区	N82A1	成品仓库	N82
成品 A2 区	N82A2	成品仓库	N82
原材料 A2 区	N81A2	原材料仓库	N81
原材料 A1 区	N81A1	原材料仓库	N81

5. 仓位信息（部分）（如表 2 – 1 – 38 所示）

表 2 – 1 – 38　　　　　　　　　　　仓位信息（部分）

仓位编号	区域名称	区域编号	所属仓库	仓库编号
N85A2L08	RFID 仓库 A2 区	N85A2	RFID 仓库	N85
N85A2L07	RFID 仓库 A2 区	N85A2	RFID 仓库	N85
N85A2L06	RFID 仓库 A2 区	N85A2	RFID 仓库	N85
N85A2L05	RFID 仓库 A2 区	N85A2	RFID 仓库	N85
N84A1L12	电子仓库 A1 区	N84A1	电子仓库	01
N84A1L11	电子仓库 A1 区	N84A1	电子仓库	01
N84A1L10	电子仓库 A1 区	N84A1	电子仓库	01
N82A1L08	成品 A1 区	N82A1	成品仓库	N82
N82A1L07	成品 A1 区	N82A1	成品仓库	N82
N82A1L06	成品 A1 区	N82A1	成品仓库	N82
N82A1L05	成品 A1 区	N82A1	成品仓库	N82
N83A1L04	滞料库 A1 区	N83A1	滞料库	N83
N83A1L03	滞料库 A1 区	N83A1	滞料库	N83
N83A1L02	滞料库 A1 区	N83A1	滞料库	N83
N83A1L01	滞料库 A1 区	N83A1	滞料库	N83

仓位编号	区域名称	区域编号	所属仓库	仓库编号
N81A1L03	原材料 A1 区	N81A1	原材料仓库	N81
N81A1L02	原材料 A1 区	N81A1	原材料仓库	N81
N81A1L01	原材料 A1 区	N81A1	原材料仓库	N81

6. 库存信息（如表 2 – 1 – 39 所示）

表 2 – 1 – 39　　　　　　　　库存信息

仓位编号	区域编号	仓库编号	仓库类型	物料编号	物料名称	系数	库存数量
N84A1L12	N84A1	01	电子仓	PVC100010006	水　果	50	150 大箱
N84A1L11	N84A1	01	电子仓	PVC100010006	水　果	20	150 小箱
N84A1L10	N84A1	01	电子仓	PVC100010006	水　果	1	150 个
01010054	N84A1	01	电子仓	PVC100010005	笔记本	1	150 台
01010053	N84A1	01	电子仓	PVC100010002	光碟包	1	150 个
01010052	N84A1	01	电子仓	PVC100010001	螺丝钉	2000	50 大袋
01010051	N84A1	01	电子仓	PVC100010004	洗衣机	1	150 台
01010050	N84A1	01	电子仓	PVC100010002	光碟包	1	50 大袋
01010049	N84A1	01	电子仓	PVC100010001	螺丝钉	1	150 颗
01010048	N84A1	01	电子仓	PVC100010003	电风扇	1	150 台
01010047	N84A1	01	电子仓	PVC100010002	光碟包	50	150 小箱
01010046	N84A1	01	电子仓	PVC100010001	螺丝钉	1000	150 包
N82A2L08	N82A2	N82	平仓	PVC100010006	水　果	50	100 大箱
N82A2L07	N82A2	N82	平仓	PVC100010006	水　果	20	100 小箱
N82A2L06	N82A2	N82	平仓	PVC100010006	水　果	1	100 个
N82A2L05	N82A2	N82	平仓	PVC100010005	笔记本	1	100 台
N82A2L04	N82A2	N82	平仓	PVC100010002	光碟包	1	100 个
N82A2L03	N82A2	N82	平仓	PVC100010001	螺丝钉	2000	25 大袋
N82A2L02	N82A2	N82	平仓	PVC100010004	洗衣机	1	100 台
N82A2L01	N82A2	N82	平仓	PVC100010002	光碟包	1	25 大袋
N82A1L08	N82A1	N82	平仓	PVC100010001	螺丝钉	1	100 颗
N82A1L07	N82A1	N82	平仓	PVC100010003	电风扇	1	100 台
N82A1L06	N82A1	N82	平仓	PVC100010002	光碟包	50	100 小箱

仓位编号	区域编号	仓库编号	仓库类型	物料编号	物料名称	系数	库存数量
N82A1L05	N82A1	N82	平仓	PVC100010001	螺丝钉	1000	100 包
N82A1L04	N82A1	N82	平仓	PVC100010005	笔记本	6	200 小箱
N82A1L03	N82A1	N82	平仓	PVC100010005	笔记本	10	200 大箱
N82A1L02	N82A1	N82	平仓	PVC100010001	螺丝钉	2000	50 大袋
N82A1L01	N82A1	N82	平仓	PVC100010004	洗衣机	1	200 台
N83A2L08	N83A2	N83	平仓	PVC100010002	光碟包	1	50 大袋
N83A2L07	N83A2	N83	平仓	PVC100010001	螺丝钉	1	200 颗
N83A2L06	N83A2	N83	平仓	PVC100010003	电风扇	1	200 台
N83A2L05	N83A2	N83	平仓	PVC100010002	光碟包	50	200 小箱
N83A2L04	N83A2	N83	平仓	PVC100010001	螺丝钉	1000	200 包
N83A2L03	N83A2	N83	平仓	PVC100010005	笔记本	1	200 台
N83A2L02	N83A2	N83	平仓	PVC100010006	水 果	20	200 小箱
N83A2L01	N83A2	N83	平仓	PVC100010001	螺丝钉	2000	50 大袋
N83A1L08	N83A1	N83	平仓	PVC100010006	水 果	50	200 大箱
N83A1L07	N83A1	N83	平仓	PVC100010002	光碟包	1	50 大袋
N83A1L06	N83A1	N83	平仓	PVC100010001	螺丝钉	1	200 颗
N83A1L05	N83A1	N83	平仓	PVC100010003	电风扇	1	200 台
N83A1L04	N83A1	N83	平仓	PVC100010002	光碟包	50	200 小箱
N83A1L03	N83A1	N83	平仓	PVC100010001	螺丝钉	1000	200 包
N83A1L02	N83A1	N83	平仓	PVC100010005	笔记本	1	200 台
N83A1L01	N83A1	N83	平仓	PVC100010002	光碟包	1	200 个
N81A2L08	N81A2	N81	平仓	PVC100010001	螺丝钉	2000	50 大袋
N81A2L07	N81A2	N81	平仓	PVC100010004	洗衣机	1	200 台
N81A2L06	N81A2	N81	平仓	PVC100010005	笔记本	10	200 大箱
N81A2L05	N81A2	N81	平仓	PVC100010005	笔记本	6	200 小箱
N81A2L04	N81A2	N81	平仓	PVC100010006	水 果	50	200 大箱
N81A2L03	N81A2	N81	平仓	PVC100010006	水 果	20	200 小箱
N81A2L02	N81A2	N81	平仓	PVC100010006	水 果	1	200 个
N81A2L01	N81A2	N81	平仓	PVC100010005	笔记本	1	200 台
N81A1L08	N81A1	N81	平仓	PVC100010002	光碟包	1	200 个

仓位编号	区域编号	仓库编号	仓库类型	物料编号	物料名称	系数	库存数量
N81A1L07	N81A1	N81	平仓	PVC100010001	螺丝钉	2000	50 大袋
N81A1L06	N81A1	N81	平仓	PVC100010004	洗衣机	1	200 台
N81A1L05	N81A1	N81	平仓	PVC100010002	光碟包	1	50 大袋
N81A1L04	N81A1	N81	平仓	PVC100010001	螺丝钉	1	200 颗
N81A1L03	N81A1	N81	平仓	PVC100010003	电风扇	1	200 台
N81A1L02	N81A1	N81	平仓	PVC100010002	光碟包	50	200 小箱
N81A1L01	N81A1	N81	平仓	PVC100010001	螺丝钉	1000	200 包

（八）实验题目

根据库存情况，将部分螺丝钉进行出库，出库数量分别为 200 颗、20 包、20 袋。

（九）题目解析

1. 螺丝钉库存情况（如表 2 - 1 - 40 所示）

表 2 - 1 - 40　　　　　　　　　　螺丝钉库存情况

仓位编号	区域编号	仓库编号	仓库类型	物料编号	物料名称	系数	库存数量
01010052	N84A1	01	电子仓	PVC100010001	螺丝钉	2000	50 大袋
01010049	N84A1	01	电子仓	PVC100010001	螺丝钉	1	150 颗
01010046	N84A1	01	电子仓	PVC100010001	螺丝钉	1000	150 包
N82A2L03	N82A2	N82	平 仓	PVC100010001	螺丝钉	2000	25 大袋
N82A1L08	N82A1	N82	平 仓	PVC100010001	螺丝钉	1	100 颗
N82A1L05	N82A1	N82	平 仓	PVC100010001	螺丝钉	1000	100 包
N82A1L02	N82A1	N82	平 仓	PVC100010001	螺丝钉	2000	50 大袋
N83A2L07	N83A2	N83	平 仓	PVC100010001	螺丝钉	1	200 颗
N83A2L04	N83A2	N83	平 仓	PVC100010001	螺丝钉	1000	200 包
N83A2L01	N83A2	N83	平 仓	PVC100010001	螺丝钉	2000	50 大袋
N83A1L06	N83A1	N83	平 仓	PVC100010001	螺丝钉	1	200 颗
N83A1L03	N83A1	N83	平 仓	PVC100010001	螺丝钉	1000	200 包
N81A2L08	N81A2	N81	平 仓	PVC100010001	螺丝钉	2000	50 大袋
N81A1L07	N81A1	N81	平 仓	PVC100010001	螺丝钉	2000	50 大袋
N81A1L04	N81A1	N81	平 仓	PVC100010001	螺丝钉	1	200 颗
N81A1L01	N81A1	N81	平 仓	PVC100010001	螺丝钉	1000	200 包

2. 出库拣选方式

依据库存情况，可知储存螺丝钉的仓库类型有：电子仓、平仓。根据需出库情况，可知电子仓无法满足 200 颗的出库，所以出库的仓库类型只剩：平仓。平仓包含的仓库有 N81、N82、N83，因此，在物料拣选时可选择其一个仓库，或是其中两个或是三个仓库。如果两个或两个以上的仓库进行拣货，会浪费大量的人力、物力以及财力，故从成本方面考虑，需查看是否有一个仓库满足出库需求。经库存查看，N81 和 N83 仓仓满足出库需求，故只需在 N81 仓库或是 N83 仓库进行拣货即可。

（十）实验操作

1. 出库计划单

第一步：点击【计划调度/出库计划】进入到出库计划列表页面。

第二步：新增出库计划单。点击【新增】按钮，进入到新增页面。

第三步：完善出库计划单表头信息，如表 2 – 1 –41 所示。

表 2 – 1 – 41　　　　　　　　　　出库计划单表头信息

出库计划编号	自动编号
出库计划时间	2009 – 10 – 15
计划制作人员	周尚清

第四步：完善物料明细。点击【新增】按钮，选择物料。

第五步：选择物料及单位后，点击【确定】按钮，新增出库计划单页的物料明细将显示选择的物料信息，输入计划出库的数量，如表 2 – 1 – 42 所示。

表 2 – 1 – 42　　　　　　　　　　出库计划单物料明细

选择	物料编号	物料名称	物料规格	物料类型	物料单位	出库数量
○	PVC100010001	螺丝钉	ISO9001	物料	包	20
○	PVC100010001	螺丝钉	ISO9001	物料	大袋	20
○	PVC100010001	螺丝钉	ISO9001	物料	颗	200

第六步：点击【保存】按钮，返回到出库计划列表。

第七步：选择新增出库计划单，点击【审核】按钮进行审核操作。

2. 出库接单

第一步：点击【出库作业/出库接单】，进入到出库接单列表页面。

第二步：新增出库作业单。点击【新增】按钮，进入到出库计划单选择页面，即选择要进行出库操作的计划单。

第三步：选择需出库的计划单，点击【下一步】，进入到出库安排。

第四步：制定出库计划，安排出库时间和出库调度员，如表2-1-43所示，出库物料明细如表2-1-44所示。

表2-1-43　　　　　　　　　　　出库计划

出库单编号	自动编号
出库计划单编号	自动调用
出库时间	2009-10-15
出库调度员	周尚清
操作类型	○ RFID　○ 电子标签　◉ 人工

表2-1-44　　　　　　　　　　　出库物料明细

物料编号	物料名称	物料规格	物料行业类型	物料单位	出库数量
PVC100010001	螺丝钉	ISO9001	物料	颗	200
PVC100010001	螺丝钉	ISO9001	物料	包	20
PVC100010001	螺丝钉	ISO9001	物料	大袋	20

第五步：【保存】出库安排，返回到出库接单列表页面，此时出库作业单的状态为"未审核"。

第六步：【审核】出库单，如表2-1-45所示。

表2-1-45　　　　　　　　　　　出库单审核结果

选择	出库单编号	出库时间	出库单状态	操作类型
○	自动调用	2009-10-15	已审核	手工

3. 出库拣选

第一步：点击【出库作业/出库拣选】，进入到出库拣货列表。

第二步：选择出库单，点击【拣货】，进入到货物信息页面，如表2-1-46所示。

表2-1-46　　　　　　　　　　　拣货信息

选择	货物编号	货物品名	货物类型	货物规格	货物单位	数量
○	PVC100010001	螺丝钉	物料	ISO9001	颗	200
○	PVC100010001	螺丝钉	物料	ISO9001	大袋	20
○	PVC100010001	螺丝钉	物料	ISO9001	包	20

第三步：选择出库物料，再点击【拣货】按钮，进入到仓位拣货页面。

第四步：拣货。

表 2-1-47　　　　　　　　　　　　拣货详细信息 1

货物编号	PVC100010001	货物名称	螺丝钉
仓库编号	N83	仓库名称	滞料库
拣货数量	200 颗		

表 2-1-48　　　　　　　　　　　　待拣货物信息 1

仓位编号	区域编号	库存数量	拣货数量
N83A1L06	N83A1	200	200
N83A2L07	N83A2	200	

表 2-1-49　　　　　　　　　　　　拣货详细信息 2

货物编号	PVC100010001	货物名称	螺丝钉
仓库编号	N83	仓库名称	滞料库
拣货数量	20 大袋		

表 2-1-50　　　　　　　　　　　　待拣货物信息 2

仓位编号	区域编号	库存数量	拣货数量
N83A2L01	N83A2	50	20

表 2-1-51　　　　　　　　　　　　拣货详细信息 3

货物编号	PVC100010001	货物名称	螺丝钉
仓库编号	N83	仓库名称	滞料库
拣货数量	20 包		

表 2-1-52　　　　　　　　　　　　待拣货物信息 3

仓位编号	区域编号	库存数量	拣货数量
N83A1L03	N83A1	200	20
N83A2L04	N83A2	200	

第五步：拣货完毕，点击【保存】，系统自动返回到拣货方式选择页面，显示该物料的仓位拣货情况，如表 2-1-53 所示。

表2-1-53　　　　　　　　　　　　物料仓位拣货情况

货物编号	货物品名	货物类型	货物规格	货物单位	仓位编号	仓库编号	仓库名称	拣货数量
PVC100010001	螺丝钉	物料	ISO9001	颗	N83A1L06	N83	滞料库	200
PVC100010001	螺丝钉	物料	ISO9001	大袋	N83A2L01	N83	滞料库	20
PVC100010001	螺丝钉	物料	ISO9001	包	N83A1L03	N83	滞料库	20

第六步：确认拣货。所有拣货完毕，返回到出库拣货单列表页，选择已拣货的出库单，点击【拣货确认】进行确定。

4. 出库装卸

第一步：点击【出库作业/出库装卸】，进入到出库装货单列表。

第二步：点击【新增】，选择已拣货完毕的出库单。

第三步：选择出库单，点击【下一步】，进行装货安排。装货单信息如表2-1-54所示，装货物料明细如表2-1-55所示：

表2-1-54　　　　　　　　　　　　装货单信息

装货单编号	自动调用
出库单编号	自动调用
出库时间	2009-10-15
装货人员数量	2
装货团队	装卸第一组

表2-1-55　　　　　　　　　　　　装货物料明细

物料编号	物料名称	物料规格	物料行业类型	物料单位	出库数量
PVC100010001	螺丝钉	ISO9001	工业	大袋	20
PVC100010001	螺丝钉	ISO9001	工业	颗	200
PVC100010001	螺丝钉	ISO9001	工业	包	20

第四步：装货完毕，须进行审核，如表2-1-56所示。

表2-1-56　　　　　　　　　　　　装货审核结果

选择	装货单编号	出库单编号	装货状态	操作类型
○	自动生成	自动调用	装卸确认	手工

5. 出库确认

第一步：点击【出库作业/出库确认】按钮，进入到出库单列表。

第二步：出库确认。点击【确认】按钮，完成出库确认，出库单状态由"已装卸"更新为"出库确认"，如表 2 – 1 – 57 表示：

表 2 – 1 – 57　　　　　　　　　　　　出库确认

选择	出库单编号	出库时间	出库单状态	操作类型
○	自动调用	2009 – 10 – 15	出库确认	手工

（十一）实验结果

选择【存库监控/出库历史查询】，点击【查看】，进入表 2 – 1 – 58、表 2 – 1 – 59、表 2 – 1 – 60 所示信息页面：

表 2 – 1 – 58　　　　　　　　　　　　出库单

出库单编号	自动调用
出库计划单编号	自动调用
出库时间	2009 – 10 – 15
出库调度员	周尚清
操作类型	手工

表 2 – 1 – 59　　　　　　　　　　　　出库物料明细

物料编号	物料名称	物料规格	物料行业类型	物料单位	出库数量
PVC100010001	螺丝钉	ISO9001	物料	包	20
PVC100010001	螺丝钉	ISO9001	物料	大袋	20
PVC100010001	螺丝钉	ISO9001	物料	颗	200

表 2 – 1 – 60　　　　　　　　　　　　库存查询信息

仓位编号	区域编号	仓库编号	仓库类型	物料编号	物料名称	系数	库存数量
N83A2L07	N83A2	N83	平仓	PVC100010001	螺丝钉	1	200 颗
N83A2L04	N83A2	N83	平仓	PVC100010001	螺丝钉	1000	200 包
N83A2L01	N83A2	N83	平仓	PVC100010001	螺丝钉	2000	30 大袋
N83A1L03	N83A1	N83	平仓	PVC100010001	螺丝钉	1000	180 包

仓储综合实验 ✦

（一）实验前提

老师在后台为当前登录用户初始化了综合实验

（二）实验学时

4 学时

（三）实验类型

综合实验

（四）实验要求

必修

（五）实验内容

入库业务、出库业务

（六）实验目的

了解并掌握仓储管理整个业务操作

（七）系统初始数据

1. 物料信息（如表 2 – 1 – 61 所示）

表 2 – 1 – 61　　　　　　　　　物料信息

物料名称	物料编号	物料规格
水　果	PVC100010006	ISO9001
笔记本	PVC100010005	ISO9001
洗衣机	PVC100010004	ISO9001
电风扇	PVC100010003	ISO9001
光碟包	PVC100010002	ISO9001
螺丝钉	PVC100010001	ISO9001

2. 单位信息（如表 2 - 1 - 62 所示）

表 2 - 1 - 62   单位信息

单位名称	单位编号
大袋	UID0067
大包	UID0066
大箱	UID0065
部	UID0063
盒	UID0059
小袋	UID0057
罐	UID0052
升	UID0049
吨	UID0043
千克	UID0037
立方米	UID0035
平方米	UID0034
米	UID0032
颗	UID0030
幅	UID0026
卷	UID0020
块	UID0019
包	UID008
台	UID005
辆	UID004
桶	UID003
小箱	UID002
个	UID001

3. 仓库信息（如表 2 - 1 - 63 所示）

表 2 - 1 - 63   仓库信息

仓库名称	仓库编号	仓库类型
RFID 仓库	N85	RFID 仓
电子仓库	01	电子仓

仓库名称	仓库编号	仓库类型
滞料库	N83	平仓
成品仓库	N82	平仓
原材料仓库	N81	平仓

4. 区域信息（如表 2 - 1 - 64 所示）

表 2 - 1 - 64　　　　　　　　　区域信息

仓库区域名称	仓库区域编号	所属仓库	所属仓库编号
RFID 仓库 A2 区	N85A2	RFID 仓库	N85
RFID 仓库 A1 区	N85A1	RFID 仓库	N85
电子仓库 A1 区	N84A1	电子仓库	01
滞料库 A2 区	N83A2	滞料库	N83
滞料库 A1 区	N83A1	滞料库	N83
成品 A1 区	N82A1	成品仓库	N82
成品 A2 区	N82A2	成品仓库	N82
原材料 A2 区	N81A2	原材料仓库	N81
原材料 A1 区	N81A1	原材料仓库	N81

5. 仓位信息（部分）（如表 2 - 1 - 65 所示）

表 2 - 1 - 65　　　　　　　　　仓位信息（部分）

仓位编号	区域名称	区域编号	所属仓库	仓库编号
N85A2L08	RFID 仓库 A2 区	N85A2	RFID 仓库	N85
N85A2L07	RFID 仓库 A2 区	N85A2	RFID 仓库	N85
N85A2L06	RFID 仓库 A2 区	N85A2	RFID 仓库	N85
N85A2L05	RFID 仓库 A2 区	N85A2	RFID 仓库	N85
N84A1L12	电子仓库 A1 区	N84A1	电子仓库	01
N84A1L11	电子仓库 A1 区	N84A1	电子仓库	01
N84A1L10	电子仓库 A1 区	N84A1	电子仓库	01
N82A1L08	成品 A1 区	N82A1	成品仓库	N82
N82A1L07	成品 A1 区	N82A1	成品仓库	N82
N82A1L06	成品 A1 区	N82A1	成品仓库	N82

仓位编号	区域名称	区域编号	所属仓库	仓库编号
N82A1L05	成品 A1 区	N82A1	成品仓库	N82
N83A1L04	滞料库 A1 区	N83A1	滞料库	N83
N83A1L03	滞料库 A1 区	N83A1	滞料库	N83
N83A1L02	滞料库 A1 区	N83A1	滞料库	N83
N83A1L01	滞料库 A1 区	N83A1	滞料库	N83
N81A1L03	原材料 A1 区	N81A1	原材料仓库	N81
N81A1L02	原材料 A1 区	N81A1	原材料仓库	N81
N81A1L01	原材料 A1 区	N81A1	原材料仓库	N81

6. 库存信息（如表 2 – 1 – 66 所示）

表 2 – 1 – 66　　　　　　　　　　库存信息

仓位编号	区域编号	仓库编号	仓库类型	物料编号	物料名称	系数	库存数量
N84A1L12	N84A1	01	电子仓	PVC100010006	水果	50	150 大箱
N84A1L11	N84A1	01	电子仓	PVC100010006	水果	20	150 小箱
N84A1L10	N84A1	01	电子仓	PVC100010006	水果	1	150 个
01010054	N84A1	01	电子仓	PVC100010005	笔记本	1	150 台
01010053	N84A1	01	电子仓	PVC100010002	光碟包	1	150 个
01010052	N84A1	01	电子仓	PVC100010001	螺丝钉	2000	50 大袋
01010051	N84A1	01	电子仓	PVC100010004	洗衣机	1	150 台
01010050	N84A1	01	电子仓	PVC100010002	光碟包	1	50 大袋
01010049	N84A1	01	电子仓	PVC100010001	螺丝钉	1	150 颗
01010048	N84A1	01	电子仓	PVC100010003	电风扇	1	150 台
01010047	N84A1	01	电子仓	PVC100010002	光碟包	50	150 小箱
01010046	N84A1	01	电子仓	PVC100010001	螺丝钉	1000	150 包
N82A2L08	N82A2	N82	平仓	PVC100010006	水果	50	100 大箱
N82A2L07	N82A2	N82	平仓	PVC100010006	水果	20	100 小箱
N82A2L06	N82A2	N82	平仓	PVC100010006	水果	1	100 个
N82A2L05	N82A2	N82	平仓	PVC100010005	笔记本	1	100 台
N82A2L04	N82A2	N82	平仓	PVC100010002	光碟包	1	100 个
N82A2L03	N82A2	N82	平仓	PVC100010001	螺丝钉	2000	25 大袋
N82A2L02	N82A2	N82	平仓	PVC100010004	洗衣机	1	100 台
N82A2L01	N82A2	N82	平仓	PVC100010002	光碟包	1	25 大袋

仓位编号	区域编号	仓库编号	仓库类型	物料编号	物料名称	系数	库存数量
N82A1L08	N82A1	N82	平仓	PVC100010001	螺丝钉	1	100 颗
N82A1L07	N82A1	N82	平仓	PVC100010003	电风扇	1	100 台
N82A1L06	N82A1	N82	平仓	PVC100010002	光碟包	50	100 小箱
N82A1L05	N82A1	N82	平仓	PVC100010001	螺丝钉	1000	100 包
N82A1L04	N82A1	N82	平仓	PVC100010005	笔记本	6	200 小箱
N82A1L03	N82A1	N82	平仓	PVC100010005	笔记本	10	200 大箱
N82A1L02	N82A1	N82	平仓	PVC100010001	螺丝钉	2000	50 大袋
N82A1L01	N82A1	N82	平仓	PVC100010004	洗衣机	1	200 台
N83A2L08	N83A2	N83	平仓	PVC100010002	光碟包	1	50 大袋
N83A2L07	N83A2	N83	平仓	PVC100010001	螺丝钉	1	200 颗
N83A2L06	N83A2	N83	平仓	PVC100010003	电风扇	1	200 台
N83A2L05	N83A2	N83	平仓	PVC100010002	光碟包	50	200 小箱
N83A2L04	N83A2	N83	平仓	PVC100010001	螺丝钉	1000	200 包
N83A2L03	N83A2	N83	平仓	PVC100010005	笔记本	1	200 台
N83A2L02	N83A2	N83	平仓	PVC100010006	水果	20	200 小箱
N83A2L01	N83A2	N83	平仓	PVC100010001	螺丝钉	2000	50 大袋
N83A1L08	N83A1	N83	平仓	PVC100010006	水果	50	200 大箱
N83A1L07	N83A1	N83	平仓	PVC100010002	光碟包	1	50 大袋
N83A1L06	N83A1	N83	平仓	PVC100010001	螺丝钉	1	200 颗
N83A1L05	N83A1	N83	平仓	PVC100010003	电风扇	1	200 台
N83A1L04	N83A1	N83	平仓	PVC100010002	光碟包	50	200 小箱
N83A1L03	N83A1	N83	平仓	PVC100010001	螺丝钉	1000	200 包
N83A1L02	N83A1	N83	平仓	PVC100010005	笔记本	1	200 台
N83A1L01	N83A1	N83	平仓	PVC100010002	光碟包	1	200 个
N81A2L08	N81A2	N81	平仓	PVC100010001	螺丝钉	2000	50 大袋
N81A2L07	N81A2	N81	平仓	PVC100010004	洗衣机	1	200 台
N81A2L06	N81A2	N81	平仓	PVC100010005	笔记本	10	200 大箱
N81A2L05	N81A2	N81	平仓	PVC100010005	笔记本	6	200 小箱
N81A2L04	N81A2	N81	平仓	PVC100010006	水果	50	200 大箱
N81A2L03	N81A2	N81	平仓	PVC100010006	水果	20	200 小箱
N81A2L02	N81A2	N81	平仓	PVC100010006	水果	1	200 个
N81A2L01	N81A2	N81	平仓	PVC100010005	笔记本	1	200 台
N81A1L08	N81A1	N81	平仓	PVC100010002	光碟包	1	200 个

续　表

仓位编号	区域编号	仓库编号	仓库类型	物料编号	物料名称	系数	库存数量
N81A1L07	N81A1	N81	平仓	PVC100010001	螺丝钉	2000	50 大袋
N81A1L06	N81A1	N81	平仓	PVC100010004	洗衣机	1	200 台
N81A1L05	N81A1	N81	平仓	PVC100010002	光碟包	1	50 大袋
N81A1L04	N81A1	N81	平仓	PVC100010001	螺丝钉	1	200 颗
N81A1L03	N81A1	N81	平仓	PVC100010003	电风扇	1	200 台
N81A1L02	N81A1	N81	平仓	PVC100010002	光碟包	50	200 小箱
N81A1L01	N81A1	N81	平仓	PVC100010001	螺丝钉	1000	200 包

（八）实验题目

有一批物品要暂存仓库，物货名称为茉莉花茶；货号为 DB35/T91.19；共计 100 箱；总重量 300 千克；总体积 10 立方米；需暂时放入滞料库 N83，暂存时间为 5 天。

（九）题目解析

1. 需新增物料：茉莉花茶。货号：DB35/T91.19。

2. 总重量 300 千克，总体积 5 立方米，那么单箱重量为 3 千克，单箱体积为 0.1 立方米。

3. 该暂存货物需放入滞料库 N83。

4. 存放时间为 5 天，即 5 天后即需出库。

（十）实验操作

1. 设置物料信息

第一步：点击【基础数据/物料信息】进入物料信息列表页面。

第二步：点击【新增】按钮进入新增页面。

第三步：根据实验题目提供的物料信息，录入物料信息，如表 2－1－67、表 2－1－68 所示。

（1）物料信息

表 2－1－67　　　　　　　　　　　物料信息

物料编号	系统自动生成	物料名称	茉莉花茶
物料类型	成品	物料规格	DB35/T91.19
物料行业	制造行业		

（2）物料单位明细

表 2 - 1 - 68　　　　　　　　　　　物料单位明细

选择	重量	重量单位	体积	体积单位	安全库存	最高库存	最低库存	系数	物料单价
○	3	小箱	0.1	立方米	10	200	10	1	1000

第四步：保存录入的物料信息。保存后结果如表 2 - 1 - 69 所示：

表 2 - 1 - 69　　　　　　　保存录入的物料信息

选择	物料名称	物料编号	物料规格
○	茉莉花茶	系统自动生成	DB35/T91.19

2. 查看实验题目中提示的仓位是否存在，若无，需进行增加，若有，可直接使用

（1）新增仓库

第一步：点击【基础数据/仓库信息】进入仓库列表页面。

第二步：新增仓库信息。点击【新增】进入仓库新增信息完善页面。

第三步：填写新增仓库信息。仓库类型分为三种：平仓、电子仓虚拟仓和 RFID 仓虚拟仓。系统在仓库类型中设置了八种仓库，除电子仓虚拟仓、RFID 仓虚拟仓新增保存后分别显示为电子仓和 RFID 仓，其余的都显示为平仓，用户需根据实际需求进行新增仓库。

第四步：保存新增信息。保存后，以平仓为例，结果大致如表 2 - 1 - 70 所示：

表 2 - 1 - 70　　　　　　　　保存新增平仓信息

选择	仓库名称	仓库编号	仓库类型：
○	滞料仓	N83	平仓

（2）新增仓库区域

第一步：点击【基础数据/区域信息】进入仓库列表页面。

第二步：新增区域信息。点击【新增】进入区域新增信息完善页面。

第三步：增写仓库区域信息。根据实验题目中仓位信息的提炼，可知仓库为 N83，区域无限制，所以需在 N82 仓库中可划分出区域 A1、A2。

第四步：保存新增的区域信息。保存后信息大致如表 2 - 1 - 71 所示：

表 2 - 1 - 71　　　　　　　　保存新增区域信息

仓库区域名称	仓库区域编号	所属仓库	所属仓库编号
滞料库 A1 区	N83A1	滞料库	N83
滞料库 A2 区	N83A2	滞料库	N83

（3）新增仓位信息

第一步：点击【基础数据/仓位信息】进入仓库列表页面。

第二步：新增仓位信息。点击【新增】进入仓位新增信息完善页面。

第三步：增加仓位信息，如表2-1-72所示。

表2-1-72　　　　　　　　　　　增加仓位信息

仓位编号	区域名称	区域编号	所属仓库	仓库编号
N83A2L08	滞料库 A2 区	N83A2	滞料库	N83
N83A2L07	滞料库 A2 区	N83A2	滞料库	N83
N83A2L06	滞料库 A2 区	N83A2	滞料库	N83
N83A2L05	滞料库 A2 区	N83A2	滞料库	N83
N83A2L04	滞料库 A2 区	N83A2	滞料库	N83
N83A2L03	滞料库 A2 区	N83A2	滞料库	N83
N83A2L02	滞料库 A2 区	N83A2	滞料库	N83
N83A2L01	滞料库 A2 区	N83A2	滞料库	N83
N83A1L08	滞料库 A1 区	N83A1	滞料库	N83
N83A1L07	滞料库 A1 区	N83A1	滞料库	N83
N83A1L06	滞料库 A1 区	N83A1	滞料库	N83
N83A1L05	滞料库 A1 区	N83A1	滞料库	N83
N83A1L04	滞料库 A1 区	N83A1	滞料库	N83
N83A1L03	滞料库 A1 区	N83A1	滞料库	N83
N83A1L02	滞料库 A1 区	N83A1	滞料库	N83
N83A1L01	滞料库 A1 区	N83A1	滞料库	N83

第四步：保存仓位信息。

3. 入库计划

第一步：点击【计划调度/入库计划】进入到入库计划列表页面。

第二步：新增入库计划单。点击【新增】按钮，进入到新增页面。

第三步：完善入库计划单表头信息，如表2-1-73所示。

表2-1-73　　　　　　　　　　入库计划单表头信息

入库计划编号	自动编号
入库计划时间	2009 - 11 - 1
计划制作人员	李漳

第四步：选择物料及单位后，点击【确定】按钮。

第五步：输入计划入库的数量，如表 2-1-74 所示。

第六步：点击【保存】按钮进行保存。

表 2-1-74　　　　　　　　　　　物料明细

选择	物料编号	物料名称	物料规格	物料类型	物料单位	入库数量
○	系统自动调用	茉莉花茶	DB35/T91.19	成品	小箱	100

第七步：选择新增入库计划单，点击【审核】按钮进行审核操作。

4. 入库接单

第一步：点击【入库作业/入库接单】，进入到入库接单列表页面。

第二步：新增入库作业单。点击【新增】按钮，进入到入库计划单选择页面，即选择要进行入库操作的计划单。

第三步：选择需入库的计划单，点击【下一步】，进入到入库安排。

第四步：制定入库计划，安排入库时间和入库调度员。入库计划如表 2-1-75 所示，入库物料明细如表 2-1-76 所示：

表 2-1-75　　　　　　　　　　　入库计划

入库单编号	自动编号
入库计划编号	系统自动调用
入库时间	2009-11-1
入库调度员	李漳
操作类型	○ RFID　○ 电子标签　◉ 人工　○ IT600

表 2-1-76　　　　　　　　　　　入库物料明细

物料编号	物料名称	物料规格	物料行业类型	物料单位	入库数量
系统自动调用	茉莉花茶	DB35/T91.19	成品	小箱	100

第五步：【保存】入库安排，返回入库接单列表页面，此时入库作业单的状态为"未审核"。

第六步：【审核】入库单，审核后结果及状态如表 2-1-77 所示。

表 2-1-77　　　　　　　　　　　入库单审核结果

选择	入库单号	入库时间	入库单状态	操作类型
○	系统自动调用	2009-11-11	已审核	手工

5. 卸货

第一步：点击【入库作业/卸货】进到卸货列表。

第二步：点击【新增】按钮，选择要卸货的入库单。

第三步：选择入库单，点击【下一步】，进行卸货安排。

（1）卸货单信息（如表 2 - 1 - 78 所示）

表 2 - 1 - 78 卸货单信息

卸货单编号	自动生成
入库单编号	自动生成
入库时间	2009 - 11 - 1
操作类型	手工
卸货人员数量	3

（2）物料明细（如表 2 - 1 - 79 所示）

表 2 - 1 - 79 物料明细

物料编号	物料名称	物料规格	物料行业类型	物料单位	入库数量
系统自动调用	茉莉花茶	DB35/T91. 19	制造行业	小箱	100

第四步：【保存】卸货安排。

第五步：卸货完毕，点击【审核】确认卸货，如表 2 - 1 - 80 所示。

表 2 - 1 - 80 卸货审核结果

选择	卸货单编号	入库单编号	卸货状态	操作类型
	系统自动生成	系统自动调用	装卸确认	手工

6. 验货

第一步：点击【入库作业/验货】进入验货单列表页面。

第二步：点击【新增】按钮，进入到需验货的入库单列表。

第三步：选择入库单，点击【下一步】，进入验货单验货结果记录页面。

（1）验货单信息（如表 2 - 1 - 81 所示）

表 2 - 1 - 81 验货单信息

验货单编号	自动生成
入库单编号	系统自动调用
验货人员	刘海军

（2）验货明细（如表 2 - 1 - 82 所示）

表 2 - 1 - 82　　　　　　　　　　　　　　**验货明细**

物料名称	物料单位	抽检数量	入库数量	包装检查结果	数量检查结果	质量检查结果	检查合格数
茉莉花茶	小箱	100	100	包装完好	100 箱	合格	100

第四步：点击【审核】按钮，进行验货确认，如表 2 - 1 - 83 所示。

表 2 - 1 - 83　　　　　　　　　　　　　　**验货审核结果**

选择	验货单编号	入库单编号	验货状态	操作类型
○	系统自动生成	系统自动调用	验货确认	手工

7. 安排仓位

第一步：点击【入库作业/安排仓位】进入入库单列表页面。

第二步：选择入库单，点击【安排仓位】，进入到摆货策略选择页面，如表 2 - 1 - 84、表 2 - 1 - 85 和表 2 - 1 - 86 所示。

表 2 - 1 - 84　　　　　　　　　　　　　　**摆货策略选择**

摆货策略	○ 手动摆货	○ 现有货存	○ 固定仓位	○ 下一空仓位

第三步：选择物料后，再选择摆货策略，点击【安排仓位】，进入到仓位摆货。

表 2 - 1 - 85　　　　　　　　　　　　　　**仓位摆货信息**

选择	物料名称	物料规格	物料类型	入库数量
●	茉莉花茶	DB35/T91.19	成品	100 小箱

表 2 - 1 - 86　　　　　　　　　　　　　　**选择摆货策略**

摆货策略	● 手动摆货	○ 现有货存	○ 固定仓位	○ 下一空仓位

第四步：选择仓位输入摆货数量，如表 2 - 1 - 87 所示。

表 2 - 1 - 87　　　　　　　　　　　　　　**摆货详情**

货物信息	茉莉花茶 100 小箱
已摆货数量	0 小箱
未摆货数量	100 小箱

仓库类型	平仓	
仓位编号	货存量	摆货数量
N83A1L02	0	50
N83A1L01	0	50

第五步：摆货完毕，点击【摆货确认】，保存摆货信息。

8. 入库确认

第一步：点击【入库作业/入库确认】按钮，进入到入库单列表。

第二步：入库确认。点击【确认】按钮，完成入库确认，入库单状态由"已上架"更新为"入库完成"，如表 2 – 1 – 88 所示：

表 2 – 1 – 88　　　　　　　　　入库确认结果

选择	入库单号	入库时间	入库单状态	操作类型
○	系统自动调用	2009 – 11 – 1	入库完成	手工

9. 出库计划单

第一步：点击【计划调度/出库计划】进入到出库计划列表页面。

第二步：新增出库计划单。点击【新增】按钮，进入到新增页面。

第三步：完善出库计划单表头信息，如表 2 – 1 – 89 所示。

表 2 – 1 – 89　　　　　　　　　出库计划单表头信息

出库计划编号	自动编号
出库计划时间	2009 – 11 – 6
计划制作人员	王志

第四步：完善物料明细。点击【新增】按钮，选择物料。

第五步：选择物料及单位后，点击【确定】按钮，新增出库计划单页的物料明细将显示选择的物料信息，输入计划出库的数量，如表 2 – 1 – 90 所示。

表 2 – 1 – 90　　　　　　　　　选择物料信息

选择	物料编号	物料名称	物料规格	物料类型	物料单位	出库数量
○	自动调用	茉莉花茶	DB35/T91.19	成品	小箱	100

第六步：点击【保存】按钮，返回到出库计划列表。

第七步：选择新增出库计划单，点击【审核】按钮进行审核操作。

10. 出库接单

第一步：点击【出库作业/出库接单】，进入到出库接单列表页面。

第二步：新增出库作业单。点击【新增】按钮，进入到出库计划单选择页面，即选择要进行出库操作的计划单。

第三步：选择需出库的计划单，点击【下一步】，进入到出库安排。

第四步：制定出库计划，安排出库时间和出库调度员，如表 2 - 1 - 91、表 2 - 1 - 92 所示。

表 2 - 1 - 91　　　　　　　　　　　　出库计划

出库单编号	自动编号
出库计划单编号	自动调用
出库时间	2009 - 11 - 6
出库调度员	王志
操作类型	○ RFID ○ 电子标签 ● 人工

表 2 - 1 - 92　　　　　　　　　　　　出库物料明细

物料编号	物料名称	物料规格	物料行业类型	物料单位	出库数量
自动调用	茉莉花茶	DB35/T91.19	成品	小箱	100

第五步：【保存】出库安排，返回到出库接单列表页面，此时出库作业单的状态为"未审核"。

第六步：【审核】出库单，如表 2 - 1 - 93 所示。

表 2 - 1 - 93　　　　　　　　　　　　出库单审核结果

选择	出库单编号	出库时间	出库单状态	操作类型
○	自动调用	2009 - 11 - 6	已审核	手工

11. 出库拣选

第一步：点击【出库作业/出库拣选】，进入到出库拣货列表。

第二步：选择出库单，点击【拣货】，进入到货物信息页面，如表 2 - 1 - 94 所示。

表 2 - 1 - 94　　　　　　　　　　　　拣货信息

选择	货物编号	货物品名	货物类型	货物规格	货物单位	数量
○	自动调用	茉莉花茶	DB35/T91.19	成品	小箱	100

第三步：选择出库物料，再点击【拣货】按钮，进入到仓位拣货页面。

第四步：拣货。拣货信息如表 2 - 1 - 95、表 2 - 1 - 96 所示。

表 2 - 1 - 95　　　　　　　　　　　拣货详细信息

货物编号	PVC100010001	货物名称	茉莉花茶
仓库编号	N83	仓库名称	滞料库
拣货数量	100 小箱		

表 2 - 1 - 96　　　　　　　　　　　待拣货物信息

仓位编号	区域编号	库存数量	拣货数量
N83A1L02	N83A1	50	50
N83A1L01	N83A1	50	50

第五步：拣货完毕，点击【保存】，系统自动返回到拣货方式选择页面，显示该物料的仓位拣货情况，如表 2 - 1 - 97 所示。

表 2 - 1 - 97　　　　　　　　　　　仓位拣货情况

货物编号	货物品名	货物类型	货物规格	货物单位	仓位编号	仓库编号	仓库名称	拣货数量
自动调用	茉莉花茶	成品	DB35/T91.19	小箱	N83A1L02	N83	滞料库	50
自动调用	茉莉花茶	成品	DB35/T91.19	小箱	N83A1L01	N83	滞料库	50

第六步：确认拣货。所有拣货完毕，返回到出库拣货单列表页，选择已拣货的出库单，点击【拣货确认】进行确定。

12. 出库装卸

第一步：点击【出库作业/出库装卸】，进入到出库装货单列表。

第二步：点击【新增】，选择已拣货完毕的出库单。

第三步：选择出库单，点击【下一步】，进行装货安排。装货信息如表 2 - 1 - 98、表 2 - 1 - 99 所示：

表 2 - 1 - 98　　　　　　　　　　　装货单信息

装货单编号	自动生成
出库单编号	自动调用
出库时间	2009 - 11 - 6
装货人员数量	2
装货团队	装卸第一组

表 2 - 1 - 99 物料明细

物料编号	物料名称	物料规格	物料行业类型	物料单位	出库数量
自动调用	茉莉花茶	DB35/T91.19	制造行业	小箱	100

第四步：装货完毕，需进行审核，如表 2 - 1 - 100 所示。

表 2 - 1 - 100 装货审核结果

选择	装货单编号	出库单编号	装货状态	操作类型
◯	自动生成	自动调用	装卸确认	手工

13. 出库确认

第一步：点击【出库作业/出库确认】按钮，进入到出库单列表。

第二步：出库确认。点击【确认】按钮，完成出库确认，出库单状态由"已装卸"更新为"出库确认"，如表 2 - 1 - 101 所示：

表 2 - 1 - 101 出库确认

选择	出库单编号	出库时间	出库单状态	操作类型
◯	自动调用	2009 - 11 - 6	出库确认	手工

（十一）实验结果

选择【库存监控/入库历史查询】，点击【确认】，进入表 2 - 1 - 102、表 2 - 1 - 103 所示信息页面：

表 2 - 1 - 102 入库单信息

入库单编号	自动调用
入库计划编号	自动调用
入库时间	2009 - 11 - 1
入库调度员	李漳

表 2 - 1 - 103 物料明细

物料编号	物料名称	物料规格	物料类型	物料单位	入库数量
自动调用	茉莉花茶	DB35/T91.19	成品	小箱	100

选择【库存监控/出库历史查询】，点击【查看】，进入表 2 - 1 - 104、表 2 - 1 - 105 所示信息页面：

表 2 - 1 - 104   出库单

出库单编号	自动调用
出库计划单编号	自动调用
出库时间	2009 - 11 - 6
出库调度员	王志
操作类型	手工

表 2 - 1 - 105   物料明细

物料编号	物料名称	物料规格	物料行业类型	物料单位	出库数量
自动调用	茉莉花茶	DB35/T91.19	成品	小箱	100

(十二) 实训评价

实训结果评价如表 2 - 1 - 106 所示：

表 2 - 1 - 106   实训结果评价

考核评价内容	标准	分值（分）	评价得分（分）	备注
商品入库操作模拟	接收和验收操作程序正确、方法得当	10		
	凭证审核认真、全面、没有遗漏	10		
	验收仔细、全面、处理得当	10		
	单证填写规范	10		
出库作业流程模拟	模拟出库操作流程完成性、正确性	10		
	表格填写规范、审核细致	10		
	出库前准备工作充分、时间控制是否合理	10		
	包装形式正确、出库清单正确	10		
综合性	作业流程完整、业务熟练	5		
团队合作评价	团队分工合作理性、协调性	5		
	团队合作执行任务的效率	5		
	完成任务的创新性、汇报的完整性	5		
合　计		100		

(十三) 实训成果

仓储管理系统的操作过程形成实训报告，结合企业实际提出合理化建议。

综合实训二 电子标签操作

一、设置电子标签的 IP 地址

设置电子标签的 IP 地址之前，确保电子标签用网线接入到局域网中，并且电源是开着的。

（1）安装电子标签控制软件，安装过程按默认的安装即可。

（2）启动电子标签控制软件，如图 2 - 2 - 1 所示：

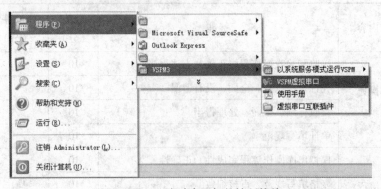

图 2 - 2 - 1 启动电子标签控制软件

（3）启动成功后，如图 2 - 2 - 2 所示：

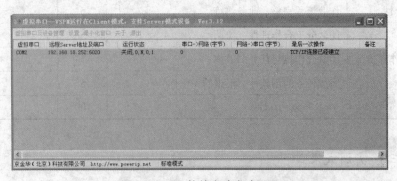

图 2 - 2 - 2 软件启动成功页面

（4）设置电子标签控制器的 IP 地址：点击菜单【虚拟串口及设备管理/扫描添加设备】，打开的页面如图 2-2-3 所示：

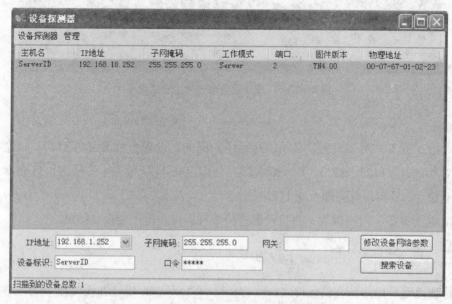

图 2-2-3　设备探测器管理页面

在"IP 地址"中设置电子标签控制器的 IP 地址，设置完点击【修改设备网络参数】按钮即可。

二、设置电子标签中的仓位编号

同时按下如图 2-2-4 中的"2"键和"3"键，就可以设置电子标签中的仓位编号。

图 2-2-4　设置电子标签仓位编号

成功后，灯亮，如图 2-2-5 所示。

按 ∧ 或 ∨ 可以对数字进行增加或减少；按"2"键或"3"键可以左移动或右移动。设置完后，按"OK"键即可。

图 2 - 2 - 5　成功设置电子标签仓位编号

备注:

1. 电子标签一对多设置,必须以 0 结尾。例如,设置仓位编号为 1120,该仓位对应仓位为 1121、1122、1123,1 号指示灯亮,即点亮 1121 仓位。2 号指示灯亮即点亮 1122 仓位,3 号指示灯亮即点亮 1123 仓位。

2. 电子标签一对一设置,直接设置仓位编号即可,但不能以 0 结尾。

三、在新仓储软件上操作矽海电子标签

特别说明:操作新仓储软件之前,将文件 ptl_ control. dll (在安装盘中的〈矽海电子标签相关〉目录下) 放到操作系统 windows \ system32 目录下。改完之后,如果已经启动了仓储的服务,关闭重启即可。

1. 后台的情景数据 (用默认老师账号 t001 登录)

(1) 仓库信息中的仓库类型要选择矽海电子标签,如图 2 - 2 - 6 所示:

图 2 - 2 - 6　仓库信息页面

(2) 区域信息中,要填写刚才设置好的,电子标签区域编号并选择仓库类型,如图 2 - 2 - 7 所示。

(3) 仓位信息中,要填写刚才设置好的仓位编号,如图 2 - 2 - 8 所示。

仓位信息设置均按照如图格式对应设置,如 D1 - 01 - 02 - 01 对应电子标签仓位 1121。

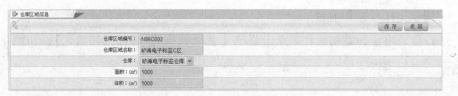

图 2 - 2 - 7　仓库区域信息页面

选择	仓位编号	区域名称	区域编号	所属仓库	仓库编号
○	D1-01-02-03	矽海电子标签C区	N86C0002	矽海电子标签仓库	N86
○	D1-01-02-02	矽海电子标签C区	N86C0002	矽海电子标签仓库	N86
○	D1-01-02-01	矽海电子标签C区	N86C0002	矽海电子标签仓库	N86
○	DB0C04	立体库左仓	SW001DB	立体仓库	SW001
○	DB0C03	立体库左仓	SW001DB	立体仓库	SW001
○	DB0C02	立体库左仓	SW001DB	立体仓库	SW001
○	DB0C01	立体库左仓	SW001DB	立体仓库	SW001
○	DB0B04	立体库左仓	SW001DB	立体仓库	SW001
○	DB0B03	立体库左仓	SW001DB	立体仓库	SW001
○	DB0B02	立体库左仓	SW001DB	立体仓库	SW001

第 1 页, 共 19 页 下一页

图 2 - 2 - 8　填写仓位编号

(4) 月台信息设置, 如图 2 - 2 - 9 所示:

图 2 - 2 - 9　月台信息设置

月台编号要与仓位编号相同; IP 地址要与电子标签的 IP 地址相同, 并在后面添加 ";"; 加上 3L4D (3 灯 4 位, 一对一和一对多)、1L5D (单灯五位一对一)、1L5D3C (单灯五位一对多)。

例如: 192.168.10.55; 3L4D

2. 新建实验任务时要选择矽海电子标签 (如图 2 - 2 - 10 所示)

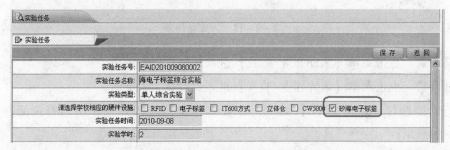

图 2 - 2 - 10　选择矽海电子标签

3. 用学生账号操作前台

（1）矽海电子标签初始化。点击菜单【基础数据/矽海标签初始化】，初始化成功如图 2 - 2 - 11 所示：

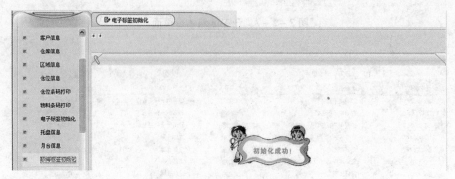

图 2 - 2 - 11 电子标签初始化

（2）入库操作。入库操作主要包括计划调度和入库作业两大部分，其中：计划调度包括入库计划；入库作业包括入库接单、卸货、验货、安排仓位、入库确认。

①入库计划。点击菜单【计划调度/入库计划】进入到入库计划列表页面。

注意：矽海电子标签一对多的情况，输入入库数量或出口数量都不能超过 999。

②入库接单。点击菜单【入库作业/入库接单】进入到入库接单列表页面。注意要选择"矽海电子标签"的操作类型，如图 2 - 2 - 12 所示：

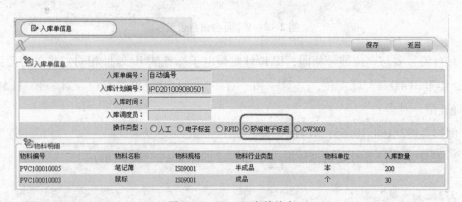

图 2 - 2 - 12 入库单信息

③卸货。点击菜单【入库作业/卸货】进入到卸货列表页面。

④验货。点击菜单【入库作业/验货】进入到验货列表页面。

⑤安排仓位。点击菜单【入库作业/安排仓位】进入到入库单列表页面，如图 2 - 2 - 13 所示。

第一步：安排仓位，如图 2 - 2 - 14 所示。

图 2 - 2 - 13　入库单列表页面

图 2 - 2 - 14　安排仓位

第二步：确认。

⑥仓位发送。点击菜单【入库作业/仓位发送】进入到入库单列表页面，如图 2 - 2 - 15 所示：

图 2 - 2 - 15　入库单列表页面

第一步：点击发送点亮电子标签，如图 2 - 2 - 16 所示：

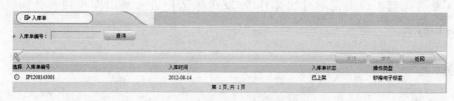

图 2 - 2 - 16　发送点亮电子标签

第二步：点击接收。

⑦入库确认。点击菜单【入库作业/入库确认】进入到入库单列表页面。

（3）出库操作。出库操作主要包括计划调度和出库作业两大部分，其中：计划调度包括出库计划；出库作业包括出库接单、出货拣选、发送拣选、月台配货、配货查询。

①点击菜单【计划调度/出库计划】进入到出库计划列表页面。

②出库接单。点击菜单【出库作业/出库接单】进入到出库单列表页面。注意要选择"矽海电子标签"的操作类型，如图 2 - 2 - 17 所示：

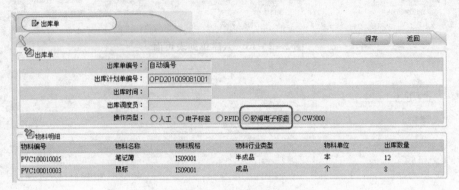

图 2 - 2 - 17 选择矽海电子标签

③点击菜单【出库作业/出库拣选】进入到出库单列表页面，如图 2 - 2 - 18 所示：

图 2 - 2 - 18 出库单列表页面

第一步：拣货。

第二步：拣货确认。

④发送拣选。点击菜单【出库作业/发送拣选】进入到出库单列表页面，如图 2 - 2 - 19 所示：

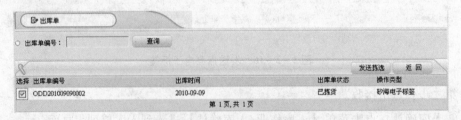

图 2 - 2 - 19 出库单列表页面

选择出库单状态是已拣货的出库单，点击【发送拣选】按钮即可。发送之后，需要手动去按电子标签的"OK"键。

⑤点击菜单【出库作业/月台配货】进入到出库单列表页面，如图2-2-20所示：

图2-2-20　出库单列表页面

第一步：选择出库单状态是已确认的出库单，点击【月台配货】按钮，进入如图2-2-21所示页面：

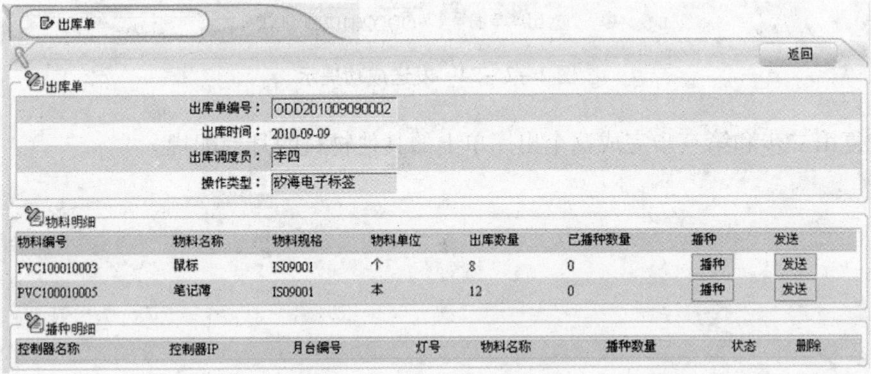

图2-2-21　出库单页面

第二步：点击 播种 按钮，进入如图2-2-22所示页面：

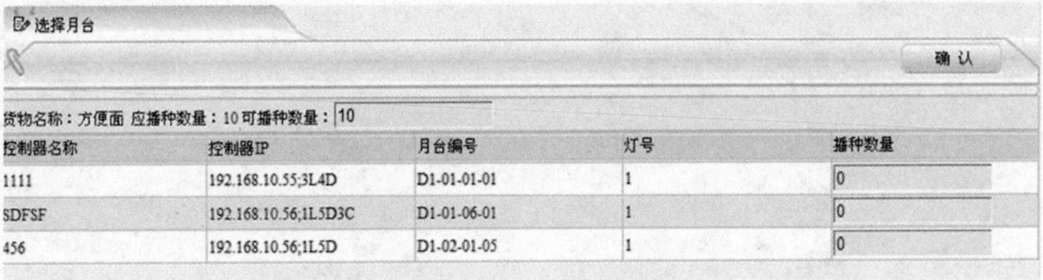

图2-2-22· 选择月台页面

在播种数量中，输入相应的正整数数字，直到可播种数量变为0，点击【确认】按钮。返回到如图2-2-23所示页面。

第三步：点击"发送"按钮，系统提示发送成功，如图2-2-24所示。

发送成功之后，需要手动去按电子标签的"OK"键。

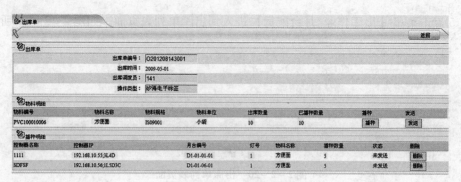

图 2 – 2 – 23　出库单页面

图 2 – 2 – 24　发送成功提示

重复第二步和第三步完成这个出库单上的其他物料的月台配货。

综合实训三 企业资源管理系统的使用

一、物流企业 ERP 岗位的设置

配送中心一般可以设置以下岗位：

（1）采购或进货管理组，负责订货、采购、进货等作业环节的安排及相应的事务处理，同时负责对货物的验收工作。

（2）储存管理组，负责货物的保管、拣取、养护等作业运作与管理。

（3）加工管理组，负责按照要求对货物进行包装、加工。

（4）配货组，负责对出库货物的拣选和组配（按客户要求或方便运输的要求）作业进行管理。

（5）运输组，负责按客户要求制订合理的运输方案，将货物送交客户，同时对完成配送进行确认。

（6）营业管理组或客户服务组，负责接收和传递客户的订货信息、送达货物的信息，处理客户投诉，受理客户退换货请求。

（7）财务管理组，负责核对配送完成表单、出货表单、进货表单、库存管理表单，协调控制监督整个配送中心的货物流动，同时负责管理各种收费发票和快递收费统计、配送费用结算等工作。

（8）退货与退货作业组。当营业管理组或客户服务组接收到退货信息后，将安排车辆回收退货商品，再集中到仓库的退货处理区，重新清点整理。

以上岗位设置是一般配送中心设置的主要岗位。由于快递配送中心的规模、设施设备、作业内容、服务对象不同，岗位设置也不尽相同。

二、系统介绍

天宝 ERP 是面向全国大中型企业针对资源管理的综合业务管理系统（如图 2 - 3 - 1 所示），它把 Internet 网络技术和 C/S（Client/Server）软件技术有机结合起来，成功的打破了传统 C/S 结构管理软件只能用于局域网的局限，对天宝 ERP 而言，公网（In-

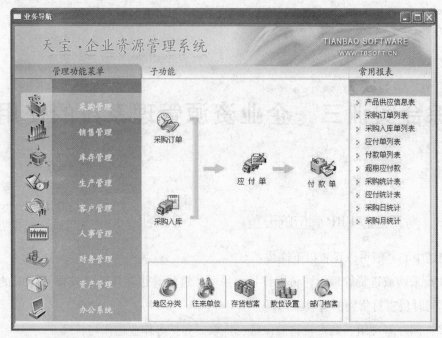

图 2 - 3 - 1　天宝企业资源管理系统主界面

ternet）、局域网（Local area network）对它的运行不产生任何影响。

三、系统界面及功能介绍

1. 系统安装与设置

解压"天宝永久免费 ERP 通用版 1.0"版本，得到两个文件，如图 2 - 3 - 2 天宝 ERP 通用版安装文件所示，先安装天宝 ERP 服务器，然后安装天宝 ERP 客户端。

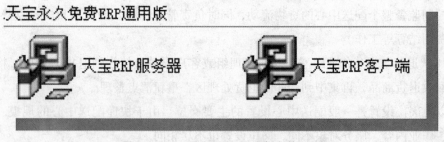

图 2 - 3 - 2　天宝 ERP 通用版安装文件

安装完成后，在桌面会出现"天宝 ERP 客户端"和"天宝服务器端"的快捷方式，进入系统时要先点击"天宝服务器端"的快捷方式，后点击"天宝 ERP 客户端"，在登录界面选择用户名"A2"，套账"套账 10"，密码"1"，套账名称为空，如图 2 - 3 - 3 所示。

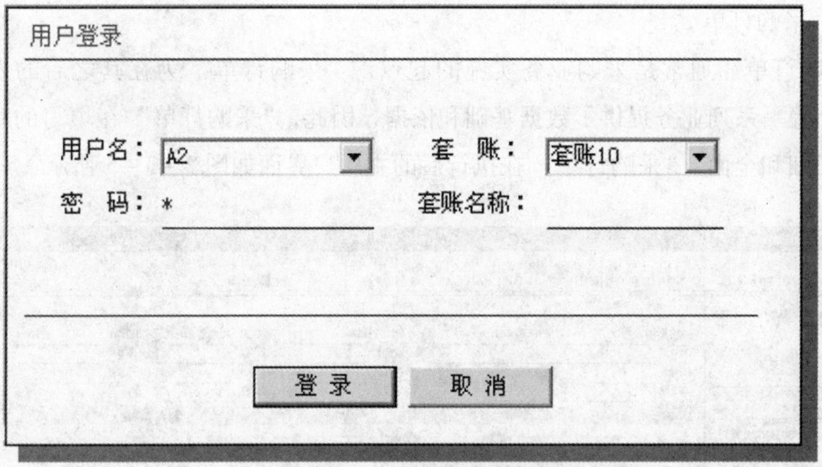

用户登录

用户名：A2 ▼　　　套账：套账10 ▼

密码：*　　　　　套账名称：

登录　　取消

图2-3-3 用户登录界面

2. 采购管理模块

物流业务流程如图2-3-4所示。流程要点如下：系统允许用户根据销售订单来生成采购订单，也可以手工编制采购订单；采购入库单是根据采购订单来生成的，也可以手工编制采购入库单；应付单可以根据采购订单或采购入库单来生成，也可以手工编制；编制付款单时，用户应先选择付款对象（即供应商），然后选择一张应付单作为付款依据。系统允许用户在没有选应付单的前提下直接付款；系统为用户提供了反查询的功能，即查看当前单据的数据凭证。例如：在打开一张采购订单时，用户单击相关采购凭证按钮，可以查看相关的销售订单；同样，在采购入库单中可以查看相关的采购订单，在应付单中可以查看相关的采购订单或采购入库单。

图2-3-4 采购业务流程

（1）采购订单

"采购订单"通常是采购业务实施的起点，"采购订单"为在其之后的入库、付款、统计等一系列业务提供了数据基础和依据，因此，"采购订单"在填写的时候应该尽量的仔细和全面。"采购订单"在执行后的主用户界面如图 2-3-5 所示：

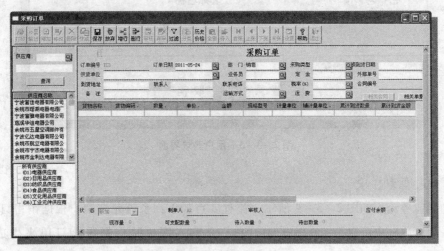

图 2-3-5　采购订单

采购订单要点介绍：

"采购订单"在新增时，本系统允许用户利用销售订单作为生成的原始数据凭证。

状态：单据分为 4 个状态。

新加：新增单据的最原始状态。

审核：单据的内容已经通过审批和核准，单据正式生效。

工作：由审核的单据弃审后处于工作状态。

关闭：由于单据任务完成或者单据被作废，单据不能继续执行。

合同编号：记录与单据挂钩的有效合同文书的编号。相关订单：单击该按钮，将会改变当前单据的记录队列，使单据记录队列中仅保留跟当前合同编号相关的单据记录，方便用户检索同类单据。

相关采购凭证：单击该按钮，将会弹出已存在的当前单据的数据凭证（此处为"销售订单"，因为本系统允许用户在增加"采购订单"时，以指定的"销售订单"为数据内容的凭证）。

工具栏上的"本地"按钮，单击后显示用户在未登录服务器时于前台填写的采购订单记录；"上传"按钮在单击后，会将上述前台填写的单据记录上传至服务器；"返回"按钮单击后，返回到正常浏览状态；"设置"按钮在单击后，用户可以对"采购订单"的外观界面进行修改设置。

外部单号：在特定的情况下，用户可能需要记录一些与该单据有某些联系的单据信息，这时用户可以将此类单据的编号添加到"外部单号"中，以便今后查找。

工具栏的全部按钮可以显示所有的采购订单，包括采购入库已完成的订单。

工具栏的待入按钮可以只显示采购入库未完成的采购订单。

（2）采购入库单

"采购入库单"在采购流程链中，紧接在采购订单之后，它是反映采购订单中订货内容的实际到货情况的重要记录，也是货物入库和应付款项的重要凭证。"采购入库单"在执行后的主用户界面如图 2 - 3 - 6 所示：

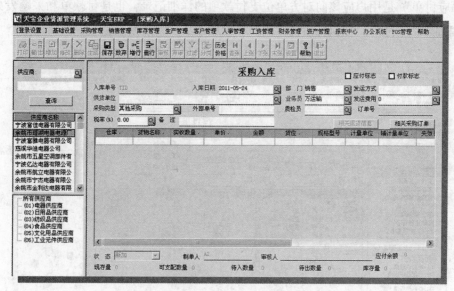

图 2 - 3 - 6　采购入库单

采购入库单要点介绍：

虽然在采购流程链中，"采购入库单"是以采购订单为依据的，但是系统为了满足用户的实际业务需要，允许用户在不关联"采购订单"的情况下，手工增加新的"采购入库单"。

应付标志：选中该项后，"采购入库单"在保存的时候会以该入库单为凭证，自动生成应付单。

付款标志：选中该项后，"采购入库单"在保存的时候会以该入库单为凭证，自动生成付款单。

相关退货信息：单击该按钮，将显示与当前"采购入库单"相关联的采购退货单记录。

相关采购订单：单击该按钮，将显示与当前"采购入库单"相关联的采购订单记录。

工具栏上的"本地"按钮，单击后显示用户在未登录服务器时于前台填写的"采购入库单"记录；"上传"按钮在单击后，会将上述前台填写的单据记录上传至服务器；"返回"按钮单击后，返回到正常浏览状态；"设置"按钮在单击后，用户可以对"采购入库单"的外观界面进行修改设置。

外部单号：在特定的情况下，用户可能需要记录一些与该单据有某些联系的单据信息，这时用户可以将此类单据的编号添加到"外部单号"中，以便今后查找。

（3）应付单

"应付单"是用户应该向对方单位支付款项的详细记录，也是付款单和采购发票的填制凭证。"应付单"在执行后的主用户界面如图2-3-7所示：

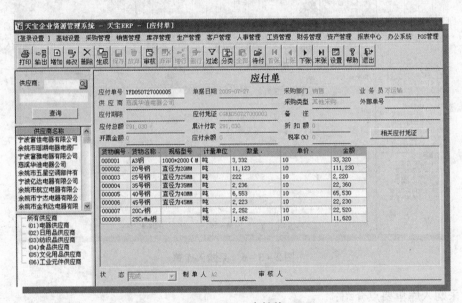

图2-3-7 应付单

应付单要点介绍：

"应付单"在增加时，按照采购流程链的要求需要选择一张应付凭证，本系统里应付凭证可以是采购订单，也可以是采购入库单。系统为了满足用户实际业务需要，允许用户在无关联应付凭证的情况下自行添加"应付单"中的款项信息。

"应付单"允许用户在编辑状态下，修改"应付总额"、"累计付款"、"折扣额"和"开票金额"，它们之间的换算关系为：

$$应付余额 = 应付总额 - 累计付款 - 折扣额$$

$$开票余额 = 开票金额 - 累计付款$$

"折扣额"与子表中的"折扣"不同。"折扣"是在原有的基础上打折，如九折；

"折扣额"是用来抹零的,即将零头去掉,只留整数。

相关应付凭证:单击"相关应付凭证"按钮,将显示已存在的与当前"应付单"相关联的应付凭证的详细记录。

应付期限:用户必须在填制应付单的时候填写"应付期限",应付期限是"超期应付款"数据的直接统计依据,用户应该认真填写该项目。

外部单号:在特定的情况下,用户可能需要记录一些与该单据有某些联系的单据信息,这时用户可以将此类单据的编号添加到"外部单号"中,以便今后查找。

工具栏的全部按钮可以显示所有的应付单,包括付款已完成的应付单。

工具栏的待付按钮可以只显示款项未付清的应付单。

(4)付款单

"付款单"是用户已经向对方单位支付款项的记录,"付款单"应该以应付单为填制凭证。"付款单"在执行后的主用户界面如图2-3-8所示:

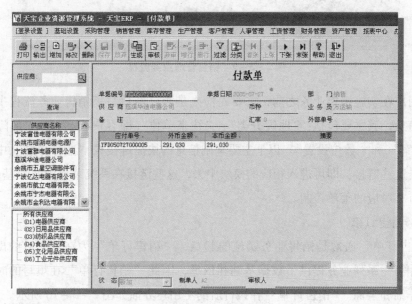

图2-3-8 付款单

付款单要点介绍:

在增加"付款单"时,在添加付款金额的之前应该先填写付款的对方单位(供应商),因为在填写付款金额时,所对应的应付单都必须是与所填对方单位相关联的记录。

为满足用户的实际需要,允许用户在没有应付依据的情况下直接付给对方款项。

外部单号:在特定的情况下,用户可能需要记录一些与该单据有某些联系的单据信息,这时用户可以将此类单据的编号添加到"外部单号"中,以便今后查找。

3. 销售管理模块

用户在业务导航中，单击"销售管理"处，即可进入到销售管理的业务部分（在系统菜单中也有与业务导航中的"销售管理"相对应的菜单控制），如图 2-3-9 所示：

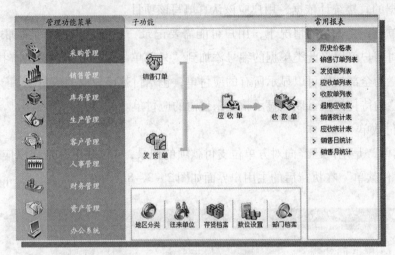

图 2-3-9　销售管理业务流程

当用户在实施销售业务之前，需要先检查是否已经填写了销售业务流程中所必需的基础信息，其主要包括："地区分类"、"往来单位（即客户档案）"、"部门档案"、"存货档案"和"数位设置"。以上主要基础信息的快捷链接在"业务导航"中均已提供。单击这些链接，即可进入相应的模块中去，这些链接在系统菜单中的"基础设置"栏中拥有相对应的菜单控制。

（1）销售订单

"销售订单"通常是销售业务实施的起点，"销售订单"为在其之后的出库、收款、统计等一系列业务提供了数据基础和依据，因此"销售订单"在填写的时候应该尽量的仔细和全面。"销售订单"在执行后的主用户界面如图 2-3-10 所示。

销售订单要点介绍：

历史价格：用户填写销售订单时可以参考历史价格，即原来的成交价。首先填上客户名，然后填入待查询的存货（也可不填查询所有存货），再单击工具栏的历史价格按钮，即可在弹出的窗口中列出所有给该客户的货物发货价格。

状态：单据分为 4 个状态。

新加：新增单据的最原始状态。

审核：单据的内容已经通过审批和核准，单据正式生效。

工作：由审核的单据弃审后处于工作状态。

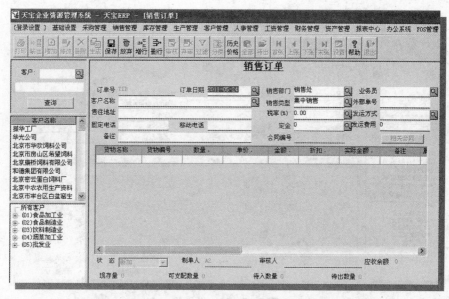

图 2－3－10 销售订单

关闭：由于单据任务完成或者单据被作废，单据不能继续执行。

合同编号：记录与单据挂钩的有效合同文书的编号。

相关订单：单击该按钮，将会改变当前单据的记录队列，使单据记录队列中仅保留跟当前合同编号相关的单据记录，方便用户检索同类单据。

工具栏上的"本地"按钮，单击后显示用户在未登录服务器时于前台填写的销售订单记录；"上传"按钮在单击后，会将上述前台填写的单据记录上传至服务器；"返回"按钮单击后，返回到正常浏览状态；"设置"按钮在单击后，用户可以对"销售订单"的外观界面进行修改设置。

外部单号：在特定的情况下，用户可能需要记录一些与该单据有某些联系的单据信息，这时用户可以将此类单据的编号添加到"外部单号"中，以便今后查找。

工具栏的全部按钮可以显示所有的销售订单，包括销售发货已完成的订单。

工具栏的待出按钮可以只显示销售发货未完成的销售订单。

（2）发货单

"发货单"在销售流程链中，紧接在"销售订单"之后，它是反映销售订单中订货内容的实际出货情况的重要记录，也是货物出库和应收款项的重要凭证。"发货单"在执行后的主用户界面如图 2－3－11 所示。

发货单要点介绍：

虽然在销售流程链中，"发货单"是以销售订单为依据的，但是本系统为了满足用户的实际业务需要，允许用户在不关联"销售订单"的情况下，手工增加新的"发

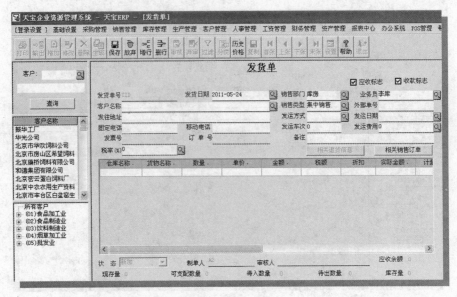

图 2 – 3 – 11　发货单

货单"。

应收标志：选中该项后，"发货单"在保存的时候会以该发货单为凭证，自动生成应收单。

收款标志：选中该项后，"发货单"在保存的时候会以该发货单为凭证，自动生成收款单。

相关退货信息：单击该按钮，将显示与当前"发货单"相关联的退货单记录。

相关销售订单：单击该按钮，将显示与当前"发货单"相关联的销售订单记录。

历史价格：用户填写发货单时可以参考历史价格，即原来的成交价。首先填上客户名，然后填入待查询存货（也可不填查询所有存货），再单击工具栏的历史价格按钮，即可在弹出的窗口中列出所有给该客户的货物发货价格。

工具栏上的"本地"按钮，单击后显示用户在未登录服务器时于前台填写的"发货单"记录；"上传"按钮在单击后，会将上述前台填写的单据记录上传至服务器；"返回"按钮单击后，返回到正常浏览状态；"设置"按钮在单击后，用户可以对"发货单"的外观界面进行修改设置。

外部单号：在特定的情况下，用户可能需要记录一些与该单据有某些联系的单据信息，这时用户可以将此类单据的编号添加到"外部单号"中，以便今后查找。

用户在发运信息里是不能自行填入运费的，运费请在此处填写。

（3）应收单

"应收单"是用户应该向对方单位收取款项的详细记录，也是收款单和销售发票的

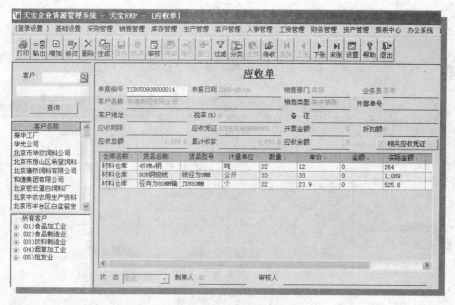

图 2 – 3 – 12　应收单

填制凭证。"应收单"在执行后的主用户界面如图 2 – 3 – 12 所示。

应收单要点介绍：

"应收单"在增加时，按照销售流程链的要求需要选择一张应收凭证，本系统里应收凭证可以是销售订单也可以是发货单。

"应收单"允许用户在编辑状态下，修改"应收总额"、"累计收款"、"折扣额"和"开票金额"，它们之间的换算关系为：

$$应收余额 = 应收总额 - 累计收款 - 折扣额$$

$$开票余额 = 开票金额 - 累计收款$$

"折扣额"与子表中的"折扣"不同。"折扣"是在原有的基础上打折，如九折；"折扣额"是用来抹零的，即将零头去掉，只留整数。

相关应收凭证：单击"相关应收凭证"按钮，将显示已存在的与当前"应收单"相关联的应收凭证详细记录。

应收期限：用户必须在填制应收单的时候填写"应收期限"，应收期限是"超期应收款"数据的直接统计依据，用户应该认真填写该项目。

外部单号：在特定的情况下，用户可能需要记录一些与该单据有某些联系的单据信息，这时用户可以将此类单据的编号添加到"外部单号"中，以便今后查找。

工具栏的全部按钮可以显示所有的应收单，包括收款已完成的应收单。

工具栏的待收按钮可以只显示款项未收完的应收单。

（4）收款单

"收款单"是用户已经向对方单位收取款项的记录，"收款单"应该以应收单为填制凭证。"收款单"在执行后的主用户界面如图2-3-13所示：

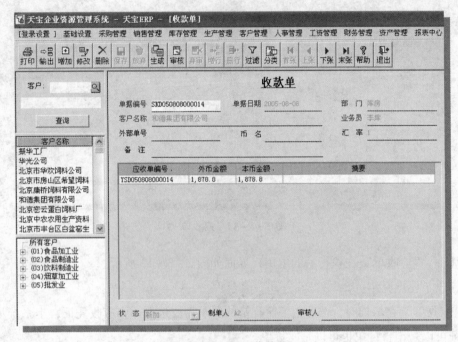

图2-3-13　收款单

收款单要点介绍：

在增加"收款单"时，在添加收款金额的之前应该先填写收款的对方单位（客户），因为在填写收款金额时，所对应的应收单都必须是与所填对方单位相关联的记录。

按照销售流程中的规定，"收款单"中的收款金额必须以某相关"应收单"中的数据为依据，但为了满足用户在特定情况下的不同需要，本系统允许用户填制独立的"收款单"记录。

外部单号：在特定的情况下，用户可能需要记录一些与该单据有某些联系的单据信息，这时用户可以将此类单据的编号添加到"外部单号"中，以便今后查找。

4. 库存管理模块

用户在业务导航中，单击"库存管理"处，即可进入到库存管理的业务部分（在系统菜单中也有与业务导航中的"库存管理"相对应的菜单控制），如图2-3-14所示。

用户在实施库存业务之前，需要先检查是否已经填写了库存业务流程中所必需的

图 2 - 3 - 14　库存管理业务流程

基础信息，其主要包括："仓库档案"、"存货档案"、"部门档案"和"数位设置"。以上主要基础信息的快捷链接在"业务导航"中均已提供。单击这些链接，即可进入相应的模块中去，这些链接在系统菜单中的"基础设置"栏中拥有相对应的菜单控制。

（1）采购入库单

"采购入库单"在采购流程链中，紧接在采购订单之后，它是反映采购订单中订货内容的实际到货情况的重要记录，也是货物入库和应付款项的重要凭证。"采购入库单"在执行后的主用户界面如图 2 - 3 - 15 所示。

采购入库单要点介绍：

虽然在采购流程链中，"采购入库单"是以采购订单为依据的，但是系统为了满足用户的实际业务需要，允许用户在不关联"采购订单"的情况下，手工增加新的"采购入库单"。

应付标志：选中该项后，"采购入库单"在保存的时候会以该入库单为凭证，自动生成应付单。

付款标志：选中该项后，"采购入库单"在保存的时候会以该入库单为凭证，自动生成付款单。

相关退货信息：单击该按钮，将显示与当前"采购入库单"相关联的采购退货单记录。

相关采购订单：单击该按钮，将显示与当前"采购入库单"相关联的采购订单记录。

工具栏上的"本地"按钮，单击后显示用户在未登录服务器时于前台填写的"采

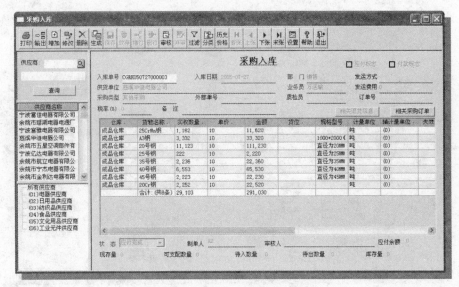

图 2 - 3 - 15　采购入库单

购入库单"记录；"上传"按钮在单击后，会将上述前台填写的单据记录上传至服务器；"返回"按钮单击后，返回到正常浏览状态；"设置"按钮在单击后，用户可以对"采购入库单"的外观界面进行修改设置。

外部单号：在特定的情况下，用户可能需要记录一些与该单据有某些联系的单据信息，这时用户可以将此类单据的编号添加到"外部单号"中，以便今后查找。

（2）产成品入库单

"产成品入库单"记录的是那些生产完成的货品入库的记录信息。"产成品入库单"的生成应该以生产订单为生成凭证。其主界面如图 2 - 3 - 16 所示。

产成品入库单要点介绍：

增加"产成品入库单"时，用户可以在"生产订单"项上选择合适的合适的生产订单作为入库凭证，选定后按回车键系统自动将指定生产订单的明细内容带入到入库单的表体明细区。

"产成品入库单"在保存后，如果该单包含有生成凭证编号（生产订单），系统将自动把入库单表体明细中的"数量"、"加工耗时"、"加工费用"、"残次品数量"项分别累加到其关联生产订单表体明细中的"累计生产数量"、"累计加工耗时"、"累计加工费用"、"累计残次品数量"项上。

单击"相关生产订单"按钮，将会显示与所填"生产订单"对应的生产订单信息，方便用户核查。

工具栏上的"本地"按钮，单击后显示用户在未登录服务器时于前台填写的单据记录；"上传"按钮在单击后，会将上述前台填写的单据记录上传至服务器；"返回"

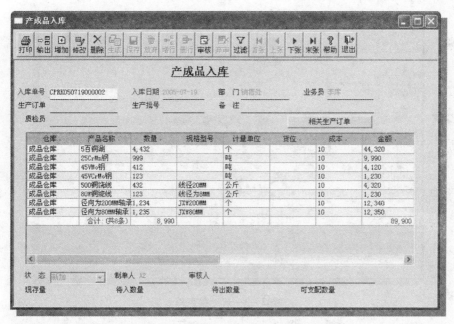

图2-3-16　产成品入库单

按钮单击后，返回到正常浏览状态。

（3）盘点单

企业的存货品种多、收发频繁，在日常存货收发、保管过程中，由于计量错误、检验疏忽、管理不善、自然损耗、核算错误以及偷窃、贪污等原因，有时会发生存货的盘盈、盘亏和毁损现象，从而造成存货账实不相符。为了保护企业流动资产的安全和完整，做到账实相符，企业必须对存货进行定期或不定期的清查。确定企业各种存货的实际库存量，并与账面记录相核对，查明存货盘盈、盘亏和毁损的数量以及造成的原因，并据以编制存货盘点报告表，按规定程序，报有关部门审批。"盘点单"提供按仓库盘点，还可对各仓库中的某一类别的存货进行盘点。"盘点单"执行后的主界面如图2-3-17所示。

盘点单要点介绍：

单击盘点单的工具栏中的盘库按钮，可以实现对某一类别的存货或是对整个仓库的存货进行盘点。选取一个盘点仓库，点击工具栏上的"盘库"按钮。这时会弹出一个对话框，如图2-3-18所示。提示用户输入需要盘点的存货分类代码，单击确定按钮可以对某一类别的存货进行盘点，单击取消按钮则系统会提示是否对整个仓库进行盘点，选"是"就开始进行盘点并显示出结果。

在盘点单在编辑后保存的时候，会将所列各个货物的"盘点数量"项和"残次品盘点数量"项中的数值记录下来，分别作为当前库存的"账面数量"和"残次品账面

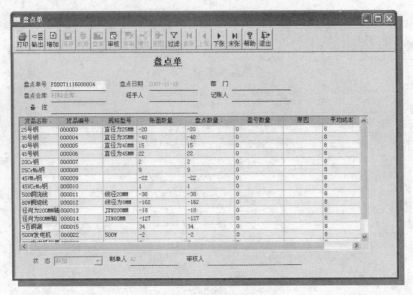

图 2 – 3 – 17　盘点单

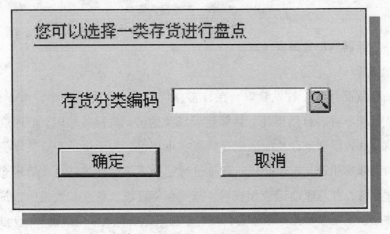

图 2 – 3 – 18　存货盘点

数量"写入并修改当前库存。用户可以利用盘点单的这一特点，经常对当前库存中"当前库存量"和"残次品数量"进行调整，使各种库存量值保持准确。

（4）组装单

有些企业中的某些商品既可单独出售，又可与其他商品组装在一起销售。如计算机销售公司既可将显示器、主机、键盘等单独出售，又可按客户的要求将显示器、主机、键盘等组装成计算机销售，这时就需要对计算机进行组装；如果企业库存中只存有组装好的计算机，但客户只需要买显示器，此时又需将计算机进行拆卸，然后将显示器卖给客户。组装指将多个散件组装成一个配套件的过程。组装单相当于两张单据，一个是散件出库单，一个是配套件入库单。配套件和散件之间是一对多的关系。配套件和散件之间的关系，在物料清单中设置。用户在组装拆卸之前应先在物料清单中进行产品结构的定义。

"组装单"执行后的主界面如图2-3-19所示：

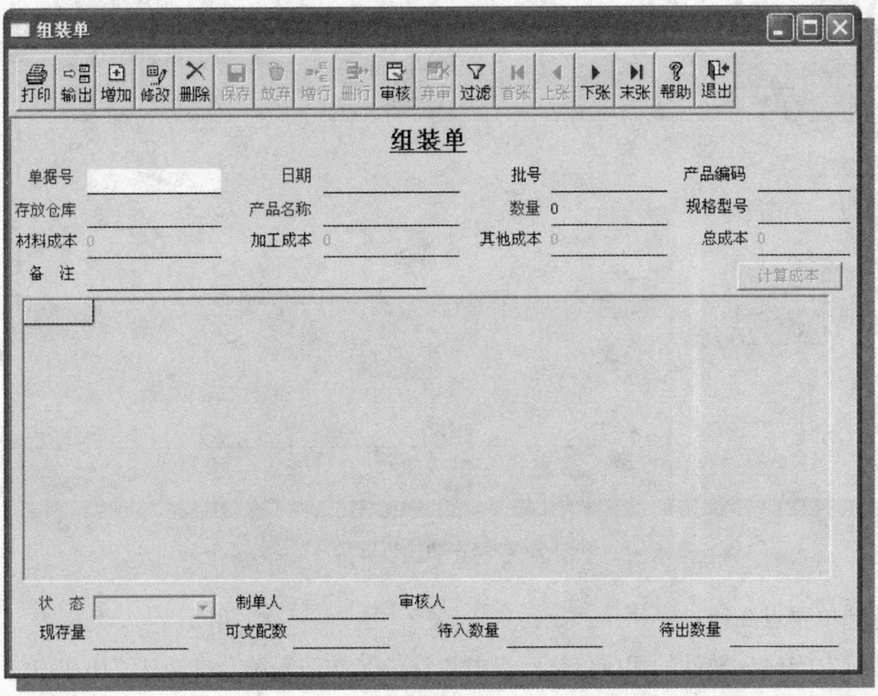

图2-3-19　组装单

组装单要点介绍：

计价：当输入散件的相应价格，点击"计价"按钮系统会自动计算出相应套件的价格。

配套件："配套件"项目是指组装单最终组成的目标件，因此用户在填制组装单的时候应该首先选择一个配套件，配套件的结构关系在物料清单中由明确定义。

配套件数量、散件数量和定额数量的关系如下：

$$配套件数量×定额数量=散件数量。$$

(5) 拆卸单

拆卸指将一个配套件拆卸成多个散件的过程。拆卸单相当于两张单据，一个是配套件出库单，一个是散件入库单。配套件和散件之间是一对多的关系。配套件和散件之间的关系，在物料清单中设置。用户在组装拆卸之前应先在物料清单中进行产品结构的定义，否则无法进行拆卸。"拆卸单"执行后的主界面如图2-3-20所示：

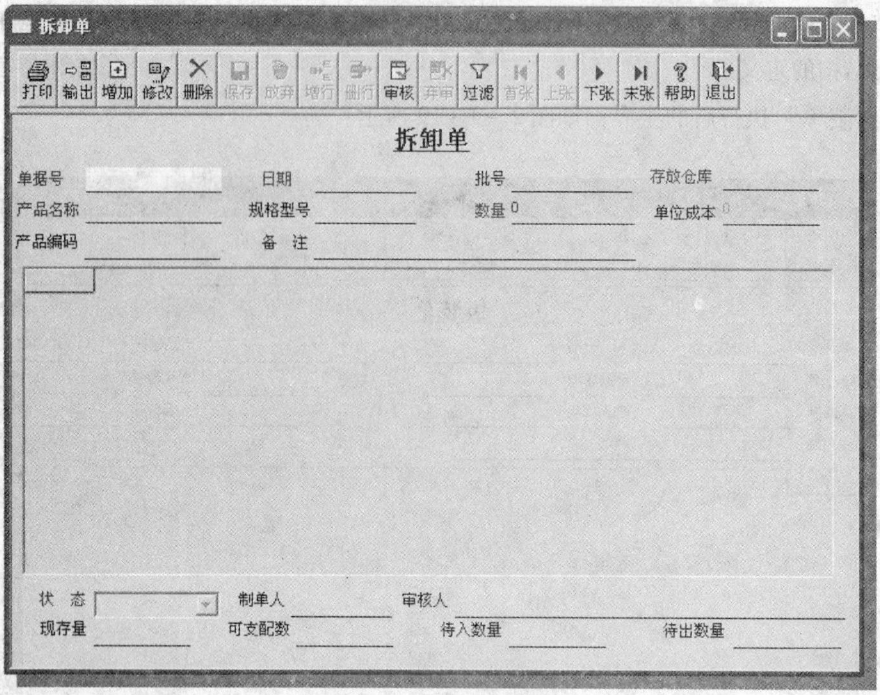

图 2 – 3 – 20　拆卸单

拆卸单要点介绍：

计价：当输入散件的相应价格，点击"计价"按钮系统会自动计算出相应的价格。

配套件："配套件"项目是指拆卸单需要分解的原件，因此用户在填制拆卸单的时候应该首先选择一个配套件，配套件的结构关系在物料清单中有明确定义。

配套件数量、散件数量和定额数量的关系如下：

$$配套件数量×定额数量=散件数量$$

（6）调拨单

"调拨单"用于仓库之间存货的转库业务或部门之间的存货调拨业务。同一张调拨单上，如果转出部门和转入部门不同，表示部门之间的调拨业务；如果转出部门和转入部门相同，但转出仓库和转入仓库不同，表示仓库之间的转库业务。"调拨单"执行后的主界面如图 2 – 3 – 21 所示。

（7）形态转换单

由于自然条件或其他因素的影响，某些存货会由一种形态转换成另一种形态，如煤块由于风吹、雨淋，天长日久变成了煤渣，活鱼由于缺氧变成了死鱼等，从而引起存货规格和成本的变化，因此库管员需根据存货的实际状况填制形态转换单，或叫规格调整单，报请主管部门批准后进行调账处理。

"形态转换单"执行后的主界面如图 2 – 3 – 22 所示。

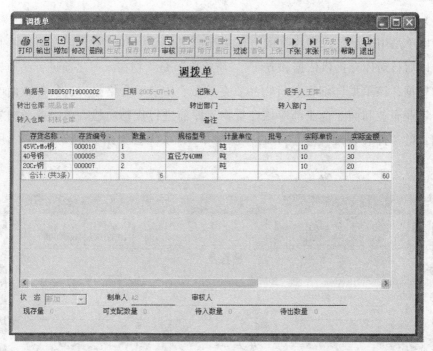

图 2 - 3 - 21　调拨单

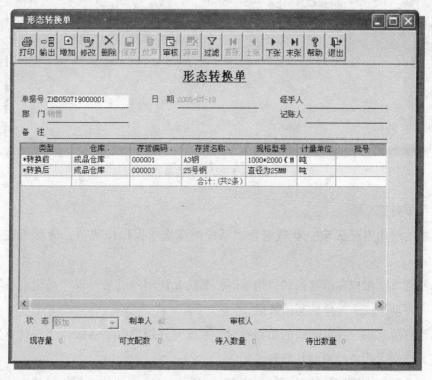

图 2 - 3 - 22　形态转换单

（8）质检单

质检单是用来记录入库货物的合格情况的记录型单据，用户可以通过填制质检单，为以后核对库存提供依据和方便。"质检单"是货物在入库之前进行品质检查后生成的单据，该单据详细记载货物品质在数量、质量、合格量、退货等方面的数据信息。工业企业和商业企业都应该在货物入库前进行货物质检。单击业务向导或菜单控制下的"库存管理"模块下的"质检单"，系统会弹出如图 2-3-23 所示的窗口。

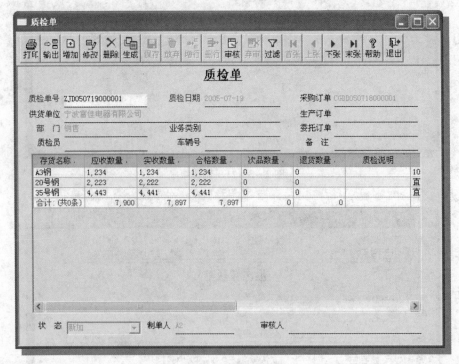

图 2-3-23　质检单

质检单要点介绍：

单据的操作遵循天宝企业资源管理系统的标准单据操作规范，请参考普通单据操作。

采购订单：用户在填制新的质检单时，系统允许用户以某一张"采购订单"为质检依据并自动生成质检单的基础数据。

生产订单：用户在填制新的质检单时，系统允许用户以某一张"生产订单"为质检依据并自动生成质检单的基础数据。

外部单号：在特定的情况下，用户可能需要记录一些与该单据有某些联系的单据信息，这时用户可以将此类单据的编号添加到"外部单号"中，以便今后查找。

（9）销售发货单

"发货单"在销售流程链中，紧接在"销售订单"之后，它是反映销售订单中订货内容的实际出货情况的重要记录，也是货物出库和应收款项的重要凭证。"发货单"在执行后的主用户界面如图 2 - 3 - 24 所示：

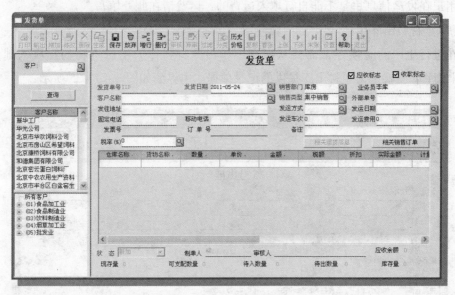

图 2 - 3 - 24　销售发货单

销售发货单要点介绍：

虽然在销售流程链中，"发货单"是以销售订单为依据的，但是本系统为了满足用户的实际业务需要，允许用户在不关联"销售订单"的情况下，手工增加新的"发货单"。

应收标志：选中该项后，"发货单"在保存的时候会以该发货单为凭证，自动生成应收单。

收款标志：选中该项后，"发货单"在保存的时候会以该发货单为凭证，自动生成收款单。

相关退货信息：单击该按钮，将显示与当前"发货单"相关联的退货单记录。

相关销售订单：单击该按钮，将显示与当前"发货单"相关联的销售订单记录。

历史价格：用户填写发货单时可以参考历史价格，即原来的成交价。首先填上客户名，然后填入待查询存货（也可不填查询所有存货），再单击工具栏的历史价格按钮，即可在弹出的窗口中列出所有给该客户的货物发货价格。

工具栏上的"本地"按钮，单击后显示用户在未登录服务器时于前台填写的"发货单"记录；"上传"按钮在单击后，会将上述前台填写的单据记录上传至服务器；

"返回"按钮单击后，返回到正常浏览状态；"设置"按钮在单击后，用户可以对"发货单"的外观界面进行修改设置。

外部单号：在特定的情况下，用户可能需要记录一些与该单据有某些联系的单据信息，这时用户可以将此类单据的编号添加到"外部单号"中，以便今后查找。

用户在发运信息里是不能自行填入运费的，运费请在此处填写。

（10）材料出库单

在进行生产的时候经常需要从库存中领出原材料作为生产货物的物质基础，而"材料出库单"就是为领料出库提供的记录单据。主界面如图 2-3-25 所示：

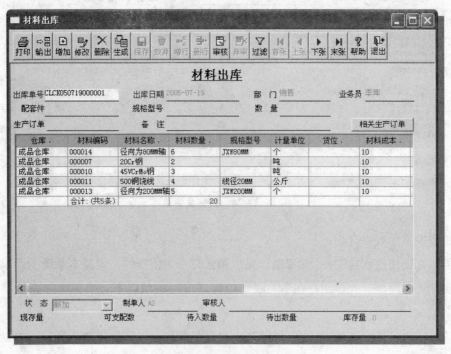

图 2-3-25 材料出库单

材料出库单要点介绍：

在增加新的"材料出库单"时，在"生产订单"项中用户可以选择合适的生产订单编号，用来记录此张材料出库单的出库凭证。

在"材料出库单"的表体明细中，有一个"产成品"项供用户选择，用于记录明细中的每一种货物的出库后的最终生产形态，"产成品"中弹出的选择内容就是用户所填出库凭证（生产订单）中的明细项。

单击"相关生产订单"按钮，将会显示与所填"生单订单"编号对应的单据信息，方便用户查核。

工具栏上的"本地"按钮，单击后显示用户在未登录服务器时于前台填写的材料出库单记录；"上传"按钮在单击后，会将上述前台填写的单据记录上传至服务器；"返回"按钮单击后，返回到正常浏览状态。

用户如果先选定配套件，填写子表时，采用参照输入材料名称只出现生产该配套件的材料列表；如果用户先选定仓库，则只出现存放在该仓库内的材料列表；如果两者全选，则只出现生产该配套件且存放在指定仓库内的材料列表；否则参照输入时列出所有材料列表。

5. 生产管理模块

用户在业务导航中，单击"生产管理"处，即可进入到生产管理的业务部分（在系统菜单中也有与业务导航中的"生产管理"相对应的菜单控制），如图 2 - 3 - 26 所示：

图 2 - 3 - 26 生产管理流程图

当用户在实施生产业务之前，需要先检查是否已经填写了生产业务流程中所必需的基础信息，其主要包括："生产流程"、"生产工序"、"部门档案"和"数位设置"。以上主要基础信息的快捷链接在"业务导航"中均已提供。单击这些链接，即可进入相应的模块中去，这些链接在系统菜单中的"基础设置"栏中拥有相对应的菜单控制。

（1）生产计划

制订"生产计划"是开展生产业务的重要基础工作。制订了正确有效的生产计划，可以为后面的生产业务提供有力的行为指导和下单凭证，为整个生产业务的展开提供了切实的理论保证，因此用户因该尽量仔细做好"生产计划"工作。生产计划的主用户界面如图 2 - 3 - 27 所示：

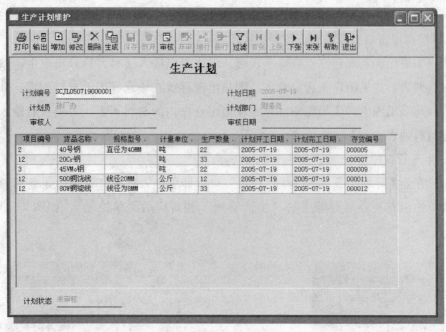

图 2 – 3 – 27　生产计划

生产计划要点介绍：

由于"生产计划"作为整个生产业务的行为指导，故在其表体明细项中的"生产数量"、"计划开工日期"和"计划完工日期"等项目上，用户需要仔细考虑，慎重填写，避免对之后的业务造成错误的引导。

（2）生产订单

"生产订单"是企业向生产部门所下达的直接生产任务，也是生产部门日后进行生产进度汇报的原始凭证，因此"生产订单"是直接关系到生产进程和生产效率的重要单据，用户应该认真填制。"生产订单"的用户主界面如图 2 – 3 – 28 所示。

生产订单要点介绍：

界面上的"外部单号"有时是非常重要的项目，在这里记录的是"生产订单"的原始填制凭证，由于配套表中可以自动生成"生产订单"，而配套表的生成来源有销售订单、采购订单、生产订单和生产计划，应此生成"生产订单"的原始凭证范围也就包括了配套表的生成来源。

如果是利用配套表自动生成的"生产订单"，系统会在生成时自动填写相应的"外部单号"项；如果是用户手动填制，则用户可以自行填入所需的凭证单据编号。

"生产订单"中的"计划开始日期"和"计划完成日期"是生产车间在生产

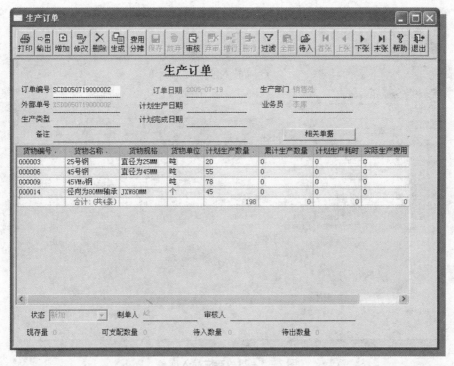

图 2-3-28　生产订单

时的工时规定，因此这两项请用户慎重填写，当然，如果填写不当仍有修改的机会。

单击相关生产凭证按钮，系统会自动显示"外部单号"所指向的各种原始凭证单据，供用户查核。

（3）产成品入库单

"产成品入库单"记录的是那些生产完成的货品入库的记录信息。"产成品入库单"的生成应该以生产订单为生成凭证。其主界面如图 2-3-29 所示。

产成品入库单要点介绍：

增加"产成品入库单"时，用户可以在"生产订单"项上选择合适的合适的生产订单作为入库凭证，选定后按回车键系统自动将指定生产订单的明细内容带入到入库单的表体明细区。

"产成品入库单"在保存后，如果该单包含有生成凭证编号（生产订单），系统将自动把入库单表体明细中的"数量"、"加工耗时"、"加工费用"、"残次品数量"项分别累加到其关联生产订单表体明细中的"累计生产数量"、"累计加工耗时"、"累计加工费用"、"累计残次品数量"项上。

单击"相关生产订单"按钮，将会显示与所填"生产订单"对应的生产订单信息，方便用户核查。

— 169 —

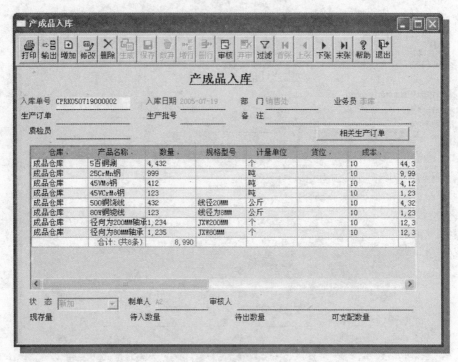

图 2 - 3 - 29　产成品入库单

单击工具栏上的"本地"按钮，显示用户在未登录服务器时于前台填写的单据记录；单击"上传"按钮，会将上述前台填写的单据记录上传至服务器；单击"返回"按钮，返回到正常浏览状态。

附录1 储配方案设计

现代物流储存与配送作业
优化设计和实施方案

一、队员分工及工作安排（如附表1-1所示）

附表1-1 队员分工及工作安排

序号	人员	岗位	工作职责
1	A	主管	信息录入、现场指挥、清点货物、手持终端操作
2	B	理货员1	组托、上架、电子标签拣货、打包、装车
3	C	理货员2	组托、阁楼货架区拣货、BtoC播种、装车

二、收货检验单（如附表1-2所示）

附表1-2 收货检验单

序号	货品编码/条码	货物名称	包装规格（mm）	应收（箱）	实收（箱）	原因
1	6932010061945	沃尔特舒汽车维修专用工具	330×235×180	40		
2	6901521103123	诚诚油炸花生仁	395×245×180	24		
3	6920855784129	小师傅方便面	595×325×180	24		

收货员： 日期：

三、入库作业计划

1. 物动量 ABC 分类表

在对货品进行储位分配时需要各种货品的级别进行判断，附表1-3 是对以往货品物动量数据分析后的分类计算过程。

附表1-3　　货品物动量分类计算过程

货品名称	出库量（箱）	百分比（%）	累计百分比（%）	ABC 分类
大王牌大豆酶解蛋白粉	5750	0.3212	0.3212	A
小师傅方便面	3100	0.1732	0.4944	
蜂圣牌蜂皇浆冻干粉片	2210	0.1235	0.6179	
兴华苦杏仁	1470	0.0821	0.7000	
爱牧云南优质小粒咖啡	890	0.0497	0.7497	B
联广酶解可可豆	680	0.0380	0.7877	
脆香饼干	500	0.0279	0.8156	
隆达葡萄籽油	400	0.0223	0.8380	
吉欧蒂亚干红葡萄酒	340	0.0190	0.8570	
神奇松花蛋	270	0.0151	0.8721	
诚诚油炸花生仁	260	0.0145	0.8866	
玫瑰红酒	240	0.0134	0.9000	
利鑫达板栗	200	0.0112	0.9112	C
乐纳可茄汁沙丁鱼罐头	190	0.0106	0.9218	
金谷精品杂粮营养粥	180	0.0101	0.9318	
华冠芝士微波炉爆米花	130	0.0073	0.9391	
早苗栗子西点蛋糕	120	0.0067	0.9458	
轩广章鱼小丸子	110	0.0061	0.9520	
休闲黑瓜子	100	0.0056	0.9575	
黄桃水果罐头	90	0.0050	0.9626	
梦阳奶粉	90	0.0050	0.9676	
沃尔特舒汽车维修专用工具	90	0.0050	0.9726	
日月腐乳	90	0.0050	0.9777	
鹏泽海鲜锅底	90	0.0050	0.9827	
好娃娃薯片	90	0.0050	0.9877	

货品名称	出库量（箱）	百分比（%）	累计百分比（%）	ABC分类
金多多婴儿营养米粉	70	0.0039	0.9916	
万盛牌瓷砖	70	0.0039	0.9955	
大嫂什锦水果罐头	30	0.0017	0.9972	C
雅比沙拉酱	30	0.0017	0.9989	
山地玫瑰蒸馏果酒	20	0.0011	1.0000	
合计	17900	1.0000		

通过对本次作业的入库单进行分析，我们将所需入库商品进行分类，如附表1-4所示：

附表1-4　　　　　　　　　　　　入库商品分类

序号	商品名称	分类结果	货位选择
1	沃尔特舒汽车维修专用工具	C	三层
2	诚诚油炸花生仁	B	二层
3	小师傅方便面	A	一层

2. 组托示意图

（1）沃尔特舒汽车维修专用工具（重叠式）。根据入库任务书，沃尔特舒汽车维修专用工具共有40箱，堆码层数是两层，每层15箱，每托可堆放30箱，所以需要托盘2个，一个托盘放30箱，另一托盘放10箱。组托示意如附图1-1所示：

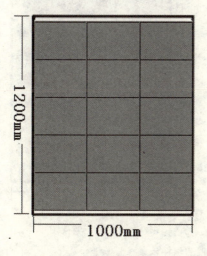 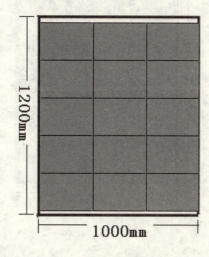

（a）奇数层俯视图　　　　　　　　（b）偶数层俯视图

附图1-1　沃尔特舒汽车维修专用工具组托示意

— 173 —

（2）诚诚油炸花生仁（重叠式）。根据入库任务单，诚诚油炸花生仁有24箱，堆码层数是两层，每层是12箱，共计24箱，所以需要托盘1个。组托示意如附图1-2所示：

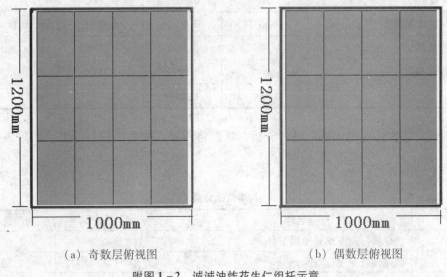

（a）奇数层俯视图　　　　　　　　　（b）偶数层俯视图

附图1-2　诚诚油炸花生仁组托示意

（3）小师傅方便面（重叠式）。根据入库任务单，小师傅方便面有24箱，每层可码放6箱，堆码层数是3层，每个托盘可码放18箱，需要托盘2个，一个托盘放18箱，另一托盘放6箱。组托示意如附图1-3所示：

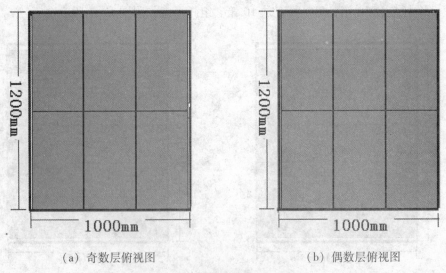

（a）奇数层俯视图　　　　　　　　　（b）偶数层俯视图

附图1-3　小师傅方便表组托示意

3. 上架存储货位图

根据之前对货物进行 ABC 分类结果，按照货品的等级对货物的储位进行如附图 1−4 所示的规划：

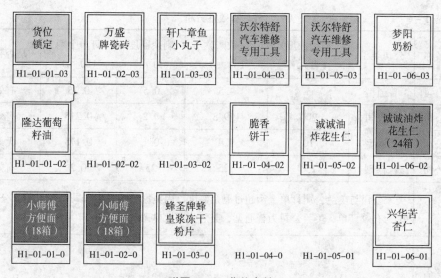

附图 1−4　货位存储

4. 就地堆码存储区规划

（1）堆码层数的确定：

①仓库高度为 4.6m，所以仓库最多可以堆 15 层；

②又因为包装标识限高 5 层，所以最多可以堆 5 层；

③地坪荷载：2000kg/m^2，所以只能堆 4 层。

（2）货垛长、宽、高的确定。堆垛时，垛高 4 箱；垛宽 = 5/0.2 = 25（箱）；垛长 = 3600/（4×25）= 36（箱）。

（3）堆存占用面积的确定。至少需要的面积 = 0.5×36×5 = 90（m^2）。

5. 编制托盘条码（如附表 1−5 所示）

附表 1−5　　　　　　　　　　编制托盘条码

序号	编号	数量
1	02000001	2
2	02000002	2
3	02000003	2
4	02000004	2
5	02000005	2

四、出库作业计划

1. 订单有效性分析（如附表 1-6 所示）

附表 1-6　　　　　　　　　　　订单有效性分析

客户名称	公司类型	信用额度（万元）	应收账款（万元）	剩余额度（万元）	订单金额（万元）	是否有效
美乐公司	普通型	5	4.5	0.5	0.25	有效
美家公司	母公司	200	199.8	0.2	0.215	有效
美兰公司	普通型	10	9.9	0.1	0.175	无效
美鄢公司	伙伴型	150	125	25	0.2	有效
备注	美家公司与美兰公司订单金额超过剩余额度，因美家公司是母公司，建议美家公司订单为有效订单，美兰公司为普通型，美兰公司订单无效					
主管签名				签字时间：　　年　　月　　日		

2. 客户优先权分析

由于客户优先权涉及客户类型、客户级别、忠诚度以及满意度等因素，故作统计如附表 1-7 所示：

附表 1-7　　　　　　　　　　　客户优先权分析

客户名称	美乐公司	美家公司	美鄢公司
客户类型（0.4）	普通型（1）	母公司（5）	伙伴型（3）
客户级别（0.3）	B（3）	A（5）	B（3）
忠诚度（0.2）	一般（1）	高（5）	较高（3）
满意度（0.1）	较高（1）	高（5）	较高（3）
得分	1.6	5	3
客户等级	三级	一级	二级

因此，客户的出货优先顺序：美家公司、美鄢公司、美乐公司。

3. 库存分配计划表（如附表1-8所示）

附表1-8 库存分配计划

序号	货品名称	库存	订货量（箱）			共需数量	剩余库存
			美家公司	美鄢公司	美乐公司		
1	蜂圣牌蜂皇浆冻干粉片	30	4		5	9	21
2	诚诚油炸花生仁	60		5	4	9	51
3	万盛牌瓷砖	15	8	6	2	16	-1
备注		万盛牌瓷砖缺货1箱，故美乐公司暂缺1箱，待事后补送					

4. 拣选作业计划

根据客户出库订单及货物储位，并按照减少拣选次数、优化拣选路径缩短拣选时间的原则设计如附表1-9所示的拣选单。

附表1-9 拣选单

拣货日期				拣货人	
核查时间				核查人	
拣货顺序	储位	货品名称	拣选数量	客户	配送数量	月台号
---	---	---	---	---	---	---
1	H1-01-03-01	蜂圣牌蜂皇浆冻干粉片	9	美家公司	4	2
				美乐公司	5	1
2	H1-01-05-02	诚诚油炸花生仁	9	美鄢公司	5	3
				美乐公司	4	1
3	H1-01-02-03	万盛牌瓷砖	15	美家公司	8	2
				美鄢公司	6	3
				美乐公司	1	1

5. 月台分配示意图（如附图1-5所示）

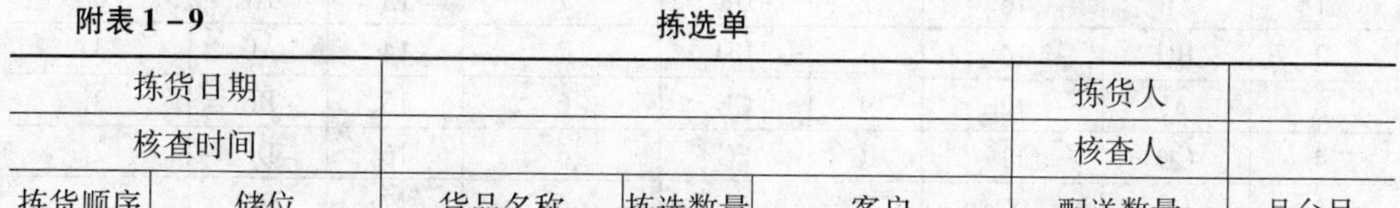

1号月台 美乐公司	2号月台 美家公司	3号月台 美鄢公司

附图1-5 月台分配示意

6. 车辆调度与线路优化

第一步：做出节约里程表并计算节约里程（括号内的数字为节约里程），如附图1-6所示：

	P	A	B	C	D	E	F	G	H
A	11	A							
B	10	5 (16)	B						
C	9	10 (10)	5 (14)	C					
D	6	14 (3)	9 (7)	4 (11)	D				
E	7	18 (0)	15 (2)	10 (6)	6 (7)	E			
F	10	21 (0)	20 (0)	19 (0)	15 (2)	9 (8)	F		
G	10	21 (0)	20 (0)	19 (0)	16 (1)	17 (0)	14 (6)	G	
H	8	13 (6)	18 (0)	17 (0)	14 (0)	15 (0)	18 (0)	12 (6)	H
I 美乐	7	6 (12)	11 (6)	16 (0)	13 (0)	14 (0)	17 (0)	17 (0)	7 (8)

附图 1-6　节约里程

第二步：根据节约里程做排序表，如附表 1-10 所示：

附表 1-10　　　　　　　节约里程排序

序号	路径	节约里程	序号	路径	节约里程	序号	路径	节约里程
1	AB	16	7	DE	7	13	HI	6
2	BC	14	8	BD	7	14	AD	3
3	AI	12	9	CE	6	15	BE	2
4	CD	11	10	FG	6	16	DF	2
5	EF	8	11	AH	6	17	DG	1
6	HI	8	12	GH	6			

第三步：根据节约里程排序表做车辆调度及路径优化，结果为：

第一条路径为 P—C—B—A—I—P，选用 4t 车；

第二条路径为 P—F—E—D—P，选用 4t 车；

第三条路径为 P—H—G—P，选用 2t 车。

结论：根据分析结果，本次配送路线为配送中心—美鄢公司—美家公司—美乐公司—配送中心。

7. 配装配载方案

根据配送线路优化结果，绘制配送车辆积载图如附图 1-7 所示：

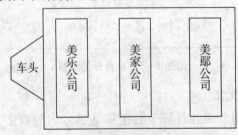

附图 1-7　配送车辆积载方案

五、编制计划

1. 作业计划

（1）入库作业甘特图（如附图1-8所示）

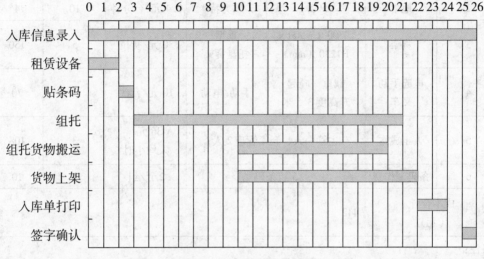

附图1-8　入库作业甘特图

（2）出库作业甘特图（如附图1-9所示）

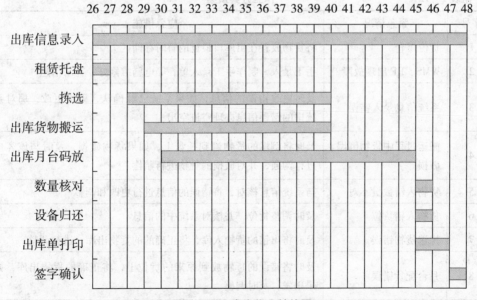

附图1-9　出库作业甘特图

2. 预算表（如附表 1 – 11 所示）

附表 1 – 11　　　　　　　　　　　**成本预算**

序号	设备名称	设备规格	设备型号	使用成本	使用数量	成本小计
1	托盘	L1200 × W1000 × H160（mm）		托盘 20 元/个	5	100
2	地牛	2500kg	欧力特	0.4 元/台分钟	10	4
3	货架	L2300 × W900 × H1230（mm）	重型托盘货架	30 元/货位	5	150
4	电起手动叉车	载重一吨起升高度 3.5 米	手动/电动	10 元/台次	7	70
5	人工成本	主管一人、仓库管理 2 人		36 元/人均小时	3	108
6	条码制作费	5 组条码		2 元/组	5	10
成本合计（元）	442					

备注：

3. 作业方案预案（如附表 1 – 12 所示）

附表 1 – 12　　　　　　　　　　　**作业方案预案**

序号	紧急情况	应急措施
1	货位爆仓	将货物放置在出库口最近的暂时存储区
2	WMS、RF 出现故障	手工录入，制作手工录入单，等电脑维修好，补录信息
3	系统信息录入错误	及时更改错误的信息，如果系统已经确认，无法更改，那对系统中的错误信息办理空进空出
4	搬运过程中货物倒塌、破损	及时将倒塌的货物搬到托盘上，如果货物破损，及时与该客户进行沟通，并对破损的货物进行赔偿
5	货物入错数量不对	与系统信息核对，将错误的信息进行更改和调整
6	货物入错货位	及时调整货位，并核对系统中的信息
7	拣选货物错误	及时将出错的货物入库，将正确的的货物出库，进行调整
8	月台配货错误	及时将错误的货物放到原来的货位上，将正确的货物出库，如果串发，及时调整
9	遇到紧急出库订单	主管及时调整仓管员，采取摘果式拣选

六、相关单证

1. 租赁申请

租赁申请书

为完成储配作业第 2 参赛队特此申请租赁地牛 1（台），叉车 1（台），托盘 5（个）。

申请人签字：

裁判签字：

2. 外包委托书

外包委托书

委托方：

被委托方：

兹有我队因＿＿＿＿＿＿＿＿，特委托＿＿＿＿＿＿＿＿代为实施储配方案的有关事宜，具体委托内容如下：

外包事项：＿＿＿＿＿＿＿＿＿＿＿＿＿＿＿＿＿＿＿＿＿

委托期限自＿＿＿＿时＿＿＿＿分至＿＿＿＿时＿＿＿＿分，共计＿＿＿＿分钟费用以＿＿＿＿元/分钟计算。

费用总计：（小写）

（大写）

费用结算方式：现金结算。

本项服务一式两份，现双方签署，同意并确认签字。

委托人签字（盖章）　　　　　　　　　受委托人签字（盖章）

时间＿＿＿＿＿＿＿＿　　　　　　　　　时间＿＿＿＿＿＿＿＿

附录2 2013—2015 年全国职业院校技能大赛竞赛项目方案

一、赛项名称

现代物流储存与配送作业优化设计和实施

二、赛项组别

高职组

三、所属产业类型

交通运输

四、在现行高职专业目录中的分类

财经大类工商管理类物流管理专业

五、赛项方案设计团队构成

方案设计团队包括行业、企业、职业院校的成员，如附表 2 - 1 所示，比例分别为 8%、30% 和 62%。

附表 2 - 1 赛项方案设计团队构成

姓名	单位	职务	工作任务	联系方式
王怡民	全国交通运输职业教育教学指导委员会、浙江交通职业技术学院	常务副主任委员、院长	总体策划	13600519891

续　表

姓名	单位	职务	工作任务	联系方式
鲍贤俊	全国交通运输职业教育教学指导委员会交通运输管理类专业教学指导委员会、上海交通职业技术学院	主任委员、院长	组建赛项设计团队、裁判员遴选	13816308741
王建宇	深圳市中诺思资讯科技有限公司	总经理	竞赛软件平台设计及相关技术、新增设备的赞助以及大赛筹备和竞赛期间的费用支持；负责提供获奖代表队的指导教师和学生的奖品	13510321555
薛　威	天津交通职业学院	教授/高级工程师/物流研究所所长	负责竞赛场地、设施设备准备及竞赛后勤保障	13820418353
夏建忠	天津天保冈谷国际物流有限公司	总经理	赛项设计团队成员	13512042911
岳　丽	山东佳怡物流有限公司	运营中心总监	赛项设计团队成员	13685310699
陈　杰	天运通物流有限公司	高级工程师/常务副总经理	赛项设计团队成员	13132112526
沈文天	宁波职业技术学院	副教授/物流系主任	赛项设计团队成员	13958322922
宋文官	上海商学院	教授/信息学院院长	赛项设计团队成员	13003259200
仪玉莉	辽宁交通高等专科学校	教授/物流管理系主任	赛项设计团队成员	13332439517
刘　念	深圳职业技术学院	教授/物流研究所所长	赛项设计团队成员	13510379592
杨　明	青岛职业技术学院	副教授/物流学院	赛项设计团队成员	13361260888
王自勤	浙江经济职业技术学院	副教授/物流系主任	赛项设计团队成员	15958172798

六、赛项目的

展示参赛选手在组织管理、专业团队协作、现场问题的分析与处理、工作效率、质量与成本控制、安全及文明生产等方面的职业素养；吸引企业参与，促进校企深度融合，提高高职教育的社会认可度。

七、赛项意义与设计原则

（一）意义

适应国家物流业调整与振兴对高素质技能型物流人才的需求，以物流业的核心环节——储存与配送作业为背景安排竞赛。探索高职院校物流管理高端技能型人才培养和"校企合作"新模式，明确物流人才的培养定位与规格；引导物流管理专业的教育教学改革；推动高职院校物流实训基地建设，实现高职院校物流管理专业教学能力水平的整体提升。

（二）原则

大赛秉承公益性、引领性、专业化和普惠性原则，以学生为主体，进一步深化"教产合作、校企合作"，提高社会参与面和专业覆盖面，完善制度建设，提升组织化水平，努力扩大国际影响与合作。

八、赛项方案的特色与创新点

1. 赛项内容延伸至配送路线优化和选择适合的车辆，增加了赛项的观赏性，较原赛项更趋系统化，强化了专业深度，加强对物流作业优化能力的考核。

2. 赛项内容增加异常情况和突发事件的设置，重点考核选手应对异常情况和突发事件的应变能力和精益化管理能力，更加符合高职教育人才的要求以及企业对人才的要求。

3. 以货币指标量化选手能力，评判标准更直接、更客观、更公平、更公正。

4. 赛项增加了电子标签移动拣选等物流行业最前沿技术装备的使用和作业技术的应用，更加体现出现代化操作手段，满足当前物流业作业热点作业模式。

九、比赛内容与规则

（一）比赛内容

每个参赛队根据抽取的竞赛资料包，分别完成制定储存与配送作业优化设计方案和实施储存与配送作业设计方案，具体内容如附图 2－1 所示：

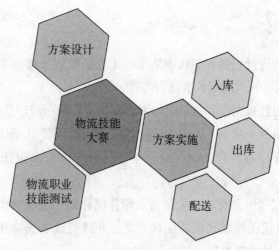

附图2-1 比赛内容

1. 制定储存与配送作业优化设计方案

选手分工并做好工作准备；根据所获取的储存，配货的场地、货物、货架、托盘、各种包装箱、电子标签拣选车、叉车、手推车、月台、客户基本信息、客户需求、配送车辆、配送点及路径信息、工时资料、各种租赁、货位占用费、外包咨询服务费、安全要求等相关信息，进行分析处理；进行货位优化及制定货物入库方案；编制拣选作业计划，进行订单处理及生成拣选单；路线优化方案；配装配载方案；撰写外包委托书；编制可实施的储配作业计划；预测出实施方案可能出现的问题和应对方案。

2. 物流职业能力测评

物流职业能力测评主要包括物流基础知识的掌握，物流基本设施设备的认知，物流作业流程的了解，物流作业活动安全注意事项的掌握，物流从业人员的职业道德等。全面评价一个团队对物流职业能力的理解和认识。

3. 实施储存与配送作业设计方案

选手根据上述储配方案的设计结果，在竞赛场地实施方案。选手选择最佳时机并根据作业任务需求向租赁中心租赁托盘、叉车、地牛、手推车等设备和工具；购买折板箱和纸箱执行配装配载作业计划等包装物；执行入库作业计划；执行出库作业计划；执行配装配载作业计划；配送线路优化作业。选手在实施过程中要体现物流企业作业过程所需要的专业知识、操作技能、团队合作、精益管理、服务质量与安全意识。选手实施方案过程中，可修改方案，也可外包（指导教师）。修改方案和外包均将按预定的比例增加成本。以操作规范程度、方案是否可行、方案实施效率、成本核算、服务质量、安全意识等要素为依据，计算综合成本为评价标准。

（二）比赛规则

1. 竞赛分批依次进行：各参赛代表队派指定人员按照大赛组委会提供的抽签顺序依次抽签，按照所抽签号对照定位表进行竞赛。

2. 参赛选手可通过数据库和现场自行测量等渠道获取所需信息。

3. 各队参赛选手分工选出 1 人为主管，其余 3 人为理货员/配送员（保管员）。主管对方案的设计、修订、客户优先等级、外包与否等负主要责任，并安排其余 3 人工作。

4. 根据储存与配送作业需求，编制出入库存储计划、设计制作拣选单、编制拣选作业计划、制订路线优化计划和配装配载方案，并进行成本核算和时间安排。成本核算精确到分，时间安排精确到秒，结果保留整数。

5. 参赛选手要预测出实施方案时可能出现的问题并提出应对措施。

6. 各参赛队在储存与配送线路优化设计阶段所完成的方案及所有相关纸质资料等竞赛成果文件均由参赛选手自行密封（一式五份），交竞赛裁判组保存，禁止在竞赛成果上做任何与竞赛无关的记号。电子文件由竞赛裁判组裁判提取。在储存与配送作业方案执行阶段，由裁判交还参赛队一份，并由参赛选手自行开启。

7. 执行方案时，各参赛队选手应严格按照计划执行，不得擅自修改计划，修改计划应由主管提出并实施。方案修改时，4 名选手应停止作业，竞赛时间连续计算。

8. 方案经修改后，实施仍有困难，可由主管提出外包，外包给本队指导教师继续修改至可行。接受指导的时间计入竞赛外包工时成本。方案修改时，4 名选手停止作业，工作时间连续计算。

9. 若外包后，方案实施仍有困难，无法正常作业，由主管提出申请退出比赛，经裁判长同意后终止比赛，按预定的比例增加成本。

10. 竞赛中出现不文明、不安全、操作不规范、出现质量问题、分工协作不合理等现象，均按比例增加成本和费用。

11. 参赛队若在规定的竞赛时间内未完成比赛，按未完成比例增加成本和费用。

12. 评价规则：以赛项完成程度、操作规范程度、资源占用与耗费量、团队合作优劣、服务质量好坏、安全意识强弱、成本控制总量等要素为评价依据，计算综合成本作为参赛队最终评价标准。

十、赛项简介（中、英文对照）

（一）中文

赛项名称：现代物流储存与配送作业优化设计和实施

包含内容：

1. 制定储存与配送作业优化设计方案。

2. 物流职业能力测评。

3. 实施储存与配送作业设计方案（增加线路优化虚拟操作环节）。

组队要求：比赛以团队方式进行，每支参赛队由4名选手组成，须为同校在籍学生，其中主管1名，可配1~2名指导教师。

（二）英文

CompetitionItem：optimized design and implementation of storage and distribution operations of modern logistics

The contents include：

1. to make optimized design plans of storage and distribution operations.

2. to evaluate logistics vocational abilities.

3. to carry out the optimized design programs of storage and distribution operations.

Team Requirements：the competition is organized as teams，with each team consists of four players，who are students from the same school. One chief manager is included in the team and one to two instructors can be equipped with.

十一、比赛样题（如附表2-2所示）

附表2-2　　　　　　　　　　　比赛样题

一级指标	二级指标	三级指标	三级指标说明
制定物流储存与配送作业优化方案	工作准备	1. 封面	题目：物流储存与配送作业优化方案 参赛队名称：本队抽签序号，如01 选手：胸牌号码如01A、01B、01C、01D
		2. 队员分工	储配作业方案执行时的分工，01A为主管（队长）
	入库作业计划	3. 物动量ABC分类表	能够体现出分类过程和分类结果
		4. 制定货物组托示意图	包括奇数层俯视图、偶数层俯视图
		5. 上架存储货位图绘制	以托盘式货架的排为单位，将货位存储情况反映在存储示意图上，在相应货位上标注货物名称

一级指标	二级指标	三级指标	三级指标说明
制定物流储存与配送作业优化方案	入库作业计划	*6. 就地堆码存储区规划	按照收到的入库通知单上的货物信息完成存储所需货位数量或堆存所需占地面积及规划的货垛长、宽、高（箱数）
		7. 编制托盘条码	编制托盘条码并打印。码制：CODE39、8 位、无校验码
	出库作业计划	8. 订单有效性分析	参赛队收到客户订单后，应对订单的有效性进行判断，对确定的无效订单予以锁定，陈述理由，主管签字并标注日期
		9. 客户优先权分析	当多个客户针对某一货物的要货量大于该货物库存量时，应对客户进行优先等级划分以确定各自的分配量，并阐明理由
		10. 库存分配计划表	依据客户订单和划分后的客户优先等级顺序制订库存分配计划表，将相关库存依次在不同的客户间进行分配并显示库存余额
		11. 拣选作业计划	拣选作业计划设计要规范、项目齐全，拣选作业流畅；拣选单的设计应能减少拣选次数、优化拣选路径、缩短拣选时间，注重效率
		12. 月台分配示意图	将月台在客户间进行分配，便于月台集货
		13. 车辆调度与路线优化	根据所给数据利用节约法，完成车辆调度方案和路线优化设计
		14. 配装配载方案	根据配送线路优化结果，绘制配送车辆积载图，以体现配送的先后顺序（按客户绘制，不显示货物品种）
	外包准备	15. 外包委托书	各参赛队都要撰写外包委托书，要求格式规范，内容齐全，主要包括委托事项、受托人、委托人、委托时间等，但要留存空白项，以便发生委托时填写。当各参赛队在进行货物入库、拣选、出库、货物配装等作业过程中，遇到不能独立解决的问题时，可委托外包给本队的指导教师协助解决，此时要填写委托书交与裁判备案，无须委托时则不需填写

续　表

一级指标	二级指标	三级指标	三级指标说明
制定物流储存与配送作业优化方案	编制计划	16. 作业进度计划	按照时间先后顺序将每位参赛队员在方案执行过程中的工作内容编制成作业进度计划（甘特图），包括设备租赁情况及可能出现的问题预案
		17. 预算表	包括作业过程可能发生的各种费用项目及相应的预算金额，以便与实际发生的费用比较，满足预算编制信息的内容
实施储存与配送作业设计方案	租赁	1. 租赁作业	选择最佳时机及作业任务需求向租赁中心租赁移动拣选车、托盘、叉车、地牛、手推车等
	执行入库作业计划	2. 入库准备工作	粘贴托盘条码，整理作业现场
		3. 验货、组托	验收无误后，按照堆码要求，将散置堆放的货物科学、合理地码放在托盘上
		4. 启动 WMS	完成货物信息录入
		5. 入库	完成货物入库操作并指挥叉车工上架作业
	执行拣选作业计划	6. 拣选作业	根据客户订单及拣选作业计划进行拣选作业及拆零货的再包装
		7. 出库	完成各客户所要货物的出货复核、月台点检、理货
	实施配装配载方案	8. 调整配送路线	根据实时交通信息调整配送路线
		9. 货物配装	选择合适的车型（微缩模型）完成货物的配装（车型不同成本不同）
	送达服务	10. 货物送达	只进行配送排序第一位的客户（按调整后的路线顺序）货物卸货交接
说明	1. 表中带 * 号三级指标项在实施过程中不执行 2. 可参考物流管理专业资源库中相关资料		

十二、比赛方式

1. 比赛以团队方式进行，每支参赛队由 4 名选手组成，须为同校在籍学生，其中主管 1 名（对方案的设计、修订、设备租赁、外包与否等负主要责任），可配 1~2 名指导教师。

2. 比赛期间，允许参赛队员在规定时间内按照规则，接受指导教师指导。参赛选手可自主选择是否接受指导（外包），接受指导的时间计入竞赛外包工时成本。

3. 邀请国外和港澳台职业院校派出代表队进行观摩交流。

十三、比赛时间安排与流程

赛事持续进行 3 天。赛程由制定储存配送线路优化设计赛段和实施赛段两部分组成，安排在不同的时间、不同的竞赛区域进行。首先进行制定储存配送线路优化设计赛段竞赛和物流职业能力测评，然后进行实施赛段的竞赛。

1. 制定储存与配送线路优化设计方案赛段与测评：竞赛用时为 4 小时，物流职业能力测评 30 分钟。

2. 实施储存与配送线路优化设计方案赛段：竞赛用时为 60 分钟。

十四、评分标准制订原则、评分方法、评分细则

（一）评分标准制定原则

评价标准源于企业又高于企业，定量评价与定性评价相结合。

（二）评分方法与细则

以赛项完成程度、操作规范程度、资源占用与耗费量、团队合作优劣、服务质量好坏、安全意识强弱、成本控制总量等要素为评价依据，计算综合成本作为参赛队最终评价标准。综合成本最低者为最优。

十五、奖项设置

赛项只设团体奖，其中一等奖 10%，二等奖 20%，三等奖 30%，获奖团队每位选手和指导教师均获得证书。

十六、技术规范

《物流术语》（GB/T 18354—2006）

《企业物流成本构成与计算》（GB/T 20523—2006）

《仓储从业人员职业资质》（GB/T 21070—2007）

《仓储服务质量要求》（GB/T 21071—2007）

《通用仓库等级》（GB/T 21072—2007）

《物流中心作业通用规范》（GB/T 22126—2008）

十七、安全保障

1. 赛场提供必要的供电安全保障设施。

2. 现场操作安全保护符合安全操作规程。

3. 违反安全操作规定造成的损失由参赛队负责偿付。

4. 工具摆放符合职业岗位要求。

5. 爱护赛场设施设备，注意安全。

十八、企业合作意向

深圳市中诺资讯科技公司提供竞赛所需全部新增软硬件设备及耗材，派驻赛项筹备期间及竞赛期间所需的技术人员，资助赛项筹备期间及竞赛过程所需主要资金。

1. 经费赞助：向技能大赛提供赛项专业器材服务，同时向技能大赛提供专项赞助经费人民币叁拾万元整。

2. 提供赛项主要通用器材：系统软件、应用软件、考试软件、比赛用耗材、计时设备、评分工具等。

3. 提供赛项主要专业器材：物流系统与设备等。

4. 提供赛事用品：奖品、纪念品、赛事服装、赛事资料制作、赛事证件制作、赛事接待服务等。

5. 提供赛事网站（www.chinaskills.org）的设计与维护。

6. 赛事形象策划、广告宣传；赛事资源开发。

十九、赛项使用设备平台的相关标准

IEEE 标准

IEC 国际电工委员会标准

二十、建议使用的比赛器材和技术平台（如附表2－3所示）

比赛项目使用器材以 2012 年全国职业院校技能大赛物流赛项中的原来器材为基础，新增加部分物流设备来增加比赛的难度和观赏度；其中技术平台包括：计算机信息技术、网络通信技术、物流设备技术、物联网技术等。

附表 2－3　　　　　　　　　　　　　　比赛器材和技术平台

序号	设备名称	规格
1	基站	（EnGenius）EAP－3660 54M 高速连接 符合 IEEE 802.11b/g 标准 输出功率最高达 28dbm 支持点对多点（P2MP）无线连接和 WDS 分布系统 11g 保护模式，使 b/g 混合模式下 11g 的效率更高 支持 WPA/WPA2/802.1x 认证及加密方式 PoE 供电，兼容 802.3af 标准 输出功率可调
2	条码打印机	Datamaxm4206 条码打印机：热敏/热转印 条码打印机分辨率：203dpi 打印速度：152.4mm/s 打印宽度：108mm 最大打印长度：2475mm 标签宽度：19～118 碳带长度：450000mm 接口类型：USB 口并口（IEEE1284 并行接）RS232 标签厚度：0.0635～0.254mm 尺寸：259mm×27mm×62mm 含条码制作软件
3	标签耗材	优质纸材标签打印纸等（满足大赛使用要求）标准为 100mm×50mm 或 90mm×55mm
4	木制托盘	规格：1200×1000×160（mm）托盘材质为优质木材，承重能力在 500kg 以上
5	货架	货位参考尺寸：L2300×W900×1350（mm）。货架材质及承重以工业级中型货架为参考依据立柱尺寸：90mm，横梁尺寸：120mm（双货位承重不少于 1000kg）；货架每根立柱必须配备护腿及斜撑
6	叉车	电瓶叉车，荷载能力 1500kg，提升高度 4m，满负荷持续作业能力 5 小时（考虑作业间隙，应该可以支持 10 小时以上的总体作业时间）
7	地牛	OLT A101 额定负载 2.5t，最大高度 200mm
8	RF 手持终端	C5000W 操作方式：Windows Embedded CE 6.0 处理器：Samsung ARM920T@533MHz

序号	设备名称	规格
8	RF 手持终端	显示屏：彩色 3.2 英寸 QVGA 仿玻璃耐用触摸屏，65K 色、240×320（QVGA 尺寸）、TFT-LCD 内存：128MB RAM/1GB Flash 存储 无线通信：WWAN、WLAN802.11b/g、WPAN 蓝牙（CLASS II 标准） 扫描引擎：一维激光引擎 分辨率：0.013cm 扫描距离 4~40cm 电池 2000mAH 或 4000mAH 标准电池配置 抗摔强度 1.0m 反复跌落水泥地面 工业等级 IP64；重量：145g 重量轻，省电，含主机、电池、通讯座 含"RF 技能操作软件"一套，能够实现无线出入库、盘点、库内作业管理以及与物流技能大赛软件——仓储管理系统实现无缝连接
9	自动化立体仓库（AS/RS）	箱式高速堆垛 速度：0~240m/min 料箱：10~60kg 总高度：5~20m
10	电子标签拣选设备（DPS/DAS）和 RFID 设备	电子标签辅助拣货 DPS/分拣 DAS 系统（Pick-to-Light）为分布式管理系统。以中央计算机为上位机，以多组安装在货物储位上的电子标签为下位机
11	挡板式自动分拣设备和链式自动分拣设备	机身长度：1500mm。机身宽度：550mm。机身高度：750mm。载重能力：50kg
12	流利货架	宽度：1500mm。深度：700mm。高度：1800mm。层数：3 层。承重：500kg/层
13	配送车辆（按比例微缩）	承重：500kg。尺寸：1600mm×1200mm×1200mm
14	电子标签智能拣货台车	RY26-PC0390 功能说明：能够完成物流技能大赛中对电子标签拣货的不同过程的要求和应用，具体如下： 1. 拣料小车整体采用不锈钢管结构组成 2. 采用 802.11b/g 无线 WiFi 模式 3. 充电、剩余电量的直观显示 4. 工业级触控平板电脑，IP65 等级，硬件接口丰富 5. 小车系统易于集成、预留数据通信扩展接口 6. 标配 18Ah 大容量电池，充电一次可不间断工作 24 小时

序号	设备名称	规格
14	电子标签智能拣货台车	7. 播种式：按订单播种物料 8. 摘果式：打包拣料自动分料 详细参数： 1. 整车尺寸约：142cm（L）×58.5cm（W）×118cm（H） 2. 电子标签：9 个 5 位数码 7 段式单色显示，含控制器 电压/电流：DC12V/80mA（Avg.） 尺寸约 148mm（L）×46mm（W）×25mm（H） 3. 平板电脑：大屏幕工业触控 LCD——一体化电脑 WindowsXP/WindowsCE 系统 电压 DC12V～24V 操作温度 −10℃～+60℃ 通信接口：USB、网口、串口等 4. 铅酸电池：外形尺寸约 15.5cm（L）×8cm（W）×5.8cm（H），充电电压 AC220V 50Hz；输出电压 DC 14.4V 最高输出电流 6A；输出线长 40cm；线粗 0.75 平方毫米 5. 触摸屏操作软件能与大赛仓储管理软件对接，实现在电子标签拣货车拣货过程的数据传输与拣货确认操作等多种功能的互动操作功能 6. 必须与全国物流技能大赛平台和大赛设备实现无缝对接，提供详细的对接说明和实现能力的证明文件参考
15	LCD 显示屏	用 4 块 40～46 英寸超窄边 LCD 拼接而成。双边拼缝 6.7mm；具备全屏拼接显示、M×N 屏拼接显示、分屏显示 支持 AV、VGA、HDMI、分量、TV 等多种信号同时输入，任意切换显示； 无须外置任何硬件，支持多种信号格式输入，任意切换显示，支持遥控器操作
16	大屏幕应用管理系统	全中文界面大屏控制软件，有模式管理、预案管理、外围设备管理、调节控制每个屏亮度等功能
17	竞赛的软件平台	1. 物流大赛方案设计软件 符合 2012 年物流技能大赛设计方案规范格式化的设计软件，丰富仿真的方案设计素材，可最大限度的共同小组协作完成整个设计方案，并输出统一的方案文档。能够保证数据的统一性与安全性 2. 物流职业技能测评软件 物流职业能力测评主要包括物流基础知识的掌握，物流基本设施设备的认知，物流作业流程的了解，物流作业活动安全注意事项的掌握，物流从业人员的职业道德等。全面评价一个团队对物流职业能力的理解和认识

序号	设备名称	规格
17	竞赛的软件平台	3. 仓储与配送管理软件 系统管理：对用户及用户组及客户信息的管理 基础资料：对仓库、仓位、托盘、物料信息的初始化；完成一级、二级库、三级库的建设 订单管理：录入入库计划、客户订单、订单处理和补货计划 入库管理：入库作业、RF组托上架、入库完成及入库单打印（RF手持的对接应用） 出库管理：拣货计划、RF拣货、电子标签拣货、立体仓库拣货、BtoC播种、拣货单打印、出库完成 补货管理：补货计划、出库理货、补货入库、补货完成 库存管理：库存查询、可视化库存、库存优化设置、库存监控 4. 3D立体库模拟系统 模拟全国大赛立体库的真实操作，能够更好、更真实的反映具体的操作情况，含270个货位不同货物的模拟，通过堆垛机进出的真实操作过程 5. 配送优化虚拟系统 该系统根据设计方案结合全国物流技能大赛仓储管理系统的数据，根据配送路程，速度等的计算，在3D地图上模拟货车从起点，行经指定的路线到达配送点后，系统提示用户进行RF手持签收。直到所有的货品全部送到客户指定地点 具体功能如下：系统设置、3D地图设置（地图可以由用户上传或者修改，大赛中可以选择天津市地图作为背景）、客户信息（用户可以在地图背景上用鼠标按下，选择一个点作为客户的配送点，并且录入详细的客户信息。并且将定义记录在数据库中。大赛中预先定义好总共有6~9个客户配送点）、车辆信息（用户可以定义可以使用的配送车辆基本信息）、线路设置、配送任务（从物流大赛仓储部分的客户订单数据，导入系统，并且列在。每个配送点离配送中心的距离和所需要配送的量列在左上角的表中）、配送计划（系统自动根据节约法的最优化算法计算出本次配送的线路）、订车作业（用户根据本线路的车辆配送量选择合适的车辆）、车辆配载、线路选择、线路优化、配送模拟、配送签收、配送费用等功能 6. RF管理软件 主要功能包含RF组托，RF上架，RF拣选，RF配送签收等可与RF手持无缝连接

二十一、经费预算与保障方案

天津交通职业学院提供竞赛场地、已有设备和技术支持以及竞赛期间后勤保障，深圳市中诺思资讯科技有限公司提供竞赛筹备期间和竞赛期间所需费用的资金保障。

二十二、比赛组织与管理

1. 教育部及天津市政府作为主办方负责竞赛的全面组织、统筹安排。

2. 全国交通运输职业教育教学指导委员会组建赛项设计团队，并负责完成赛项设计、竞赛规则和评判标准的制定，以及裁判员遴选、赛事组织等工作。

3. 天津交通职业学院负责竞赛场地、设施设备准备及竞赛后勤保障。

4. 深圳市中诺思资讯科技有限公司负责竞赛软件平台设计及相关技术支持；竞赛所需新增设备的赞助以及大赛筹备和竞赛期间的费用支持；负责提供获奖代表队的指导教师和学生的奖品。

二十三、教学资源转化建设方案

大赛组委会根据比赛的相关内容和环节所形成的标准方案，可将其转化成物流仓储与配送实际训练课程资源，形成统一的实训教材和实训指导书，并且在各个高职院校物流专业进行推广，强化学生实际动手能力。

二十四、筹备工作进度时间表

具体筹备工作，安排如附表 2-4 所示：

附表 2-4　　　　　　　　　　　　筹备工作进度

序号	计划安排	描述
1	1~2 月	完成设备与软件的准备工作
2	2~3 月	完成最终的比赛模拟测试与软件上线工作
3	3~5 月	完成各省选拔赛的工作
4	5~6 月	完成最终的相关比赛场地的检测、调试、使用等工作
5	6 月中下旬	完成最后的准备工作

二十五、筹备工作人员及裁判人员组成建议

建议裁判人员需具备深厚的专业理论知识和企业应用技术实际经验。建议聘请各高校（本科院校或无参赛队高职院校）资深物流教师和各知名物流企业高级主管组成。（可参考 2013 年全国职业院校技能大赛——现代物流储配方案的设计与执行裁判组）

二十六、其他

1. 本次大赛由全国交通运输职业教育教学指导委员会承办，交通运输教指委领导

着一支优秀的技术开发团队，旗下天津交通职业学院有一个装备齐全、技术先进、规模规范的竞赛场馆，再加上物流所属产业类型为交通运输类，由所属产业的教指委承办可以得到产业支持。

2. 深圳市中诺思资讯科技有限公司申报技能大赛的核心优势是2010年和2012年、2013年教育部主办的全国职业学院技能大赛（高职组）——现代物流储配方案的设计与执行赛项的主赞助商，提供了整套的竞赛软件平台和部分硬件，为2010年、2012年和2013年物流大赛圆满完成提供了资金和技术支持。

（资料来源：http：//www.nvsc.com.cn/zcxx – dfzc/2013 – 11 – 15/1384506160d16486.shtml）